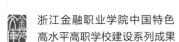

浙江金融职业学院中国特色
高水平高职学校建设系列成果

浙江省金融教育基金会

浙江地方金融发展研究中心

金融前沿问题探索系列丛书

普惠金融发展
理论与实践

吴　胜　姚星垣 主　编
吴金旺　凌海波 副主编

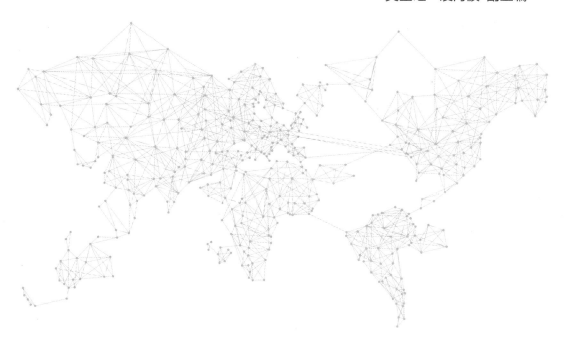

浙江工商大学 出版社 | 杭州
ZHEJIANG GONGSHANG UNIVERSITY PRESS

图书在版编目(CIP)数据

普惠金融发展理论与实践 / 吴胜,姚星垣主编. —
杭州:浙江工商大学出版社,2023.12
ISBN 978-7-5178-4883-7

Ⅰ. ①普… Ⅱ. ①吴… ②姚… Ⅲ. ①金融事业—研
究—中国 Ⅳ. ①F832

中国版本图书馆 CIP 数据核字(2022)第 049358 号

普惠金融发展理论与实践
PUHUI JINRONG FAZHAN LILUN YU SHIJIAN

吴　胜　姚星垣　主　编
吴金旺　凌海波　副主编

责任编辑	沈敏丽
责任校对	沈黎鹏
封面设计	望宸文化
责任印制	包建辉
出版发行	浙江工商大学出版社
	(杭州市教工路 198 号　邮政编码 310012)
	(E-mail:zjgsupress@163.com)
	(网址:http://www.zjgsupress.com)
	电话:0571 - 88904980,88831806(传真)
排　版	杭州朝曦图文设计有限公司
印　刷	杭州捷派印务有限公司
开　本	710 mm×1000 mm　1/16
印　张	8
字　数	144 千
版 印 次	2023 年 12 月第 1 版　2023 年 12 月第 1 次印刷
书　号	ISBN 978-7-5178-4883-7
定　价	56.00 元

浙江省金融教育基金会年度课题成果

浙江金融职业学院"双高校"建设成果

电子商务与新消费研究院系列成果

浙江地方金融发展研究中心金融研究系列成果

浙江省软科学研究基地浙江金融职业学院科技金融创新研究基地系列成果

青年教工地方金融研究团队(J20)成果

金融前沿问题探索系列丛书总序

金融是现代经济的核心。金融活,经济活;金融稳,经济稳。党的二十大报告指出,要"深化金融体制改革""加强和完善现代金融监管,强化金融稳定保障体系""健全农村金融服务体系""完善支持绿色发展的财税、金融、投资、价格政策和标准体系";国家"十四五"规划中也明确指出,要"提高金融服务实体经济能力""创新直达实体经济的金融产品和服务""完善金融支持创新体系""深化金融供给侧结构性改革""增强金融普惠性""大力发展绿色金融"。金融在推动高质量发展和助力共同富裕目标实现中发挥的重要作用日益显现。

长期以来,浙江省金融教育基金会对金融专业和相关领域的中青年学者开展金融研究和金融教育研究予以大力支持,形成了内容丰富、特色鲜明的研究成果;同时也在机制和平台建设中取得了显著进展,概括起来,主要包括以下方面:

一是开展特色鲜明的系列研究。自 2011 年以来,浙江省金融教育基金会与浙江金融职业学院浙江地方金融发展研究中心合作,每年围绕浙江地方经济金融发展和金融教育相关主题,追踪金融发展和相关领域的前沿进展,服务区域经济社会发展大局,制定年度研究指南,引导中青年学者开展主题鲜明的系列研究。

二是搭建学术研讨的交流平台。每年浙江地方金融发展研究中心都会精选部分年度优秀研究成果进行学术交流,课题负责人和相关教师现场报告研究成果,并邀请知名专家进行点评,帮助青年教师提升科研水平,培育、孵化了一批优秀的研究成果,为后续申报高级别课题起到了桥梁和孵化器的作用,为青年教师在学术领域的快速成长起到了积极的推动作用,受到广泛的欢迎和好评。

三是出版品牌鲜明的系列成果。近年来,浙江省金融教育基金会和浙江地方金融发展研究中心合作,倡导研究内容突出应用性和浙江地方特色,重视前沿性和创新性,择优形成了一系列年度研究成果,先后资助出版了《浙江金融改革与创新研究》《浙江经济转型升级与金融服务体系建设》《地方金融改革与浙江实践研究》《地方金融改革与浙江经济社会转型研究》《互联网金融发展理论与实践探索》等书,逐步建立起良好的品牌声誉和影响力。

随着我国进入高质量发展的新阶段,金融发展也迈入深化改革、不断创新的新征程,一方面迎来很多新的发展机遇,另一方面也面临新的挑战。为此,这套金融前沿问题探索系列丛书应运而生。编者围绕普惠金融、科技金融、绿色金融、金融教育等主题,把近年来相关的研究成果汇编成书。相信这套丛书的出版,既是作者们对新时代呼唤的回应,也是从金融研究和金融教育研究等视角推动时代发展的探索,恳请各位师长、同人、朋友批评指正。

编者

2023 年 3 月

目　录
CONTENTS

导　言

数字普惠金融发展的新进展

吴金旺[①]

一、数字普惠金融的兴起与发展

自 20 世纪 90 年代以来,互联网技术在普适性、移动性、感知性、数据累积性等方面的快速发展和金融领域应用的不断深入,催生了互联网时代的金融新业态(袁博,2013),这种新业态即互联网金融。它是传统金融行业与互联网工具相结合的新兴领域,为我国金融业提供了一次引领世界金融发展的契机。互联网金融就是普惠金融(田明力,2014),互联网金融的核心之一是"普惠",互联网金融的发展对于构建普惠金融体系是非常有益的(王曙光,2013)。

2015 年,数字普惠金融的概念首次被提出,学界认为数字的概念主要集中在数字交易平台和多元零售商。普惠金融全球合作伙伴(GPFI)定义"数字普惠金融":其泛指一切通过使用数字金融服务以促进普惠金融的行为。它包括通过数字手段,为金融服务缺失或不足的群体提供一系列正规金融服务,匹配他们的需求,对客户而言成本可负担,对提供商而言商业可持续。

2016 年 9 月,G20 杭州峰会以"构建创新、活力、联动、包容的世界经济"为主题,将数字普惠金融列为重要议题,发布《G20 数字普惠金融高级原则》。普惠金融全球合作伙伴针对数字普惠金融提出了 8 项高级原则,并对数字普惠金融进行定义,关键点在于负责任、成本可承担、商业可持续。同年,GPFI 在其普惠金融指标体系中更新了关于数字技术的模块。

[①] 作者简介:吴金旺,男,(1982—),浙江金融职业学院金融管理学院副院长,教授,主要研究方向:数字普惠金融。

移动支付和移动钱包是目前数字普惠金融最主要的表现形式（Suri,2017）。肯尼亚等国将手机作为替代传统物理网点和金融服务中介的工具,从而实现成本的降低和覆盖人群的扩张。随着数字化技术的不断推进,数字普惠金融中关于数字信贷的服务开始出现上升趋势。世界银行集团旗下的国际金融公司(IFC)在 2016 年发布的数字普惠金融报告中,提出保险、理财和信贷业务将是在移动支付实现高水平普及后的下一个发展目标。

数字普惠金融提供的服务如表 1 所示。

表 1　数字普惠金融提供的服务

机构	数字普惠金融产品
银行金融机构	手机银行、网上银行、直销银行、在线小额信贷
非银行金融机构	第三方支付、P2P 网贷、众筹、互联网保险、互联网信托等

数据来源:盈灿咨询《2016 数字普惠金融白皮书》。

二、数字普惠金融发展研究综述

目前,国内外学者对于普惠金融的研究已经成果丰富,而对新生的数字普惠金融研究才刚刚起步,现有数字普惠金融研究成果主要集中于以下几点。

（一）数字普惠金融发展水平评价

普惠金融发展水平的量化标准尚未统一,且大部分文献以银行业作为研究对象(Sarma & Pais,2008;Arora,2010)建立各项指标,少部分考虑了保险业(李涛等,2010),鲜有涉及互联网金融普惠的研究。普惠金融作为一个多维度概念,评价其发展水平需要建立科学的指标体系。一些国际组织,比如金融包容联盟(AFI)、普惠金融全球合作伙伴(GPFI)、世界银行(WB)等,均在测算方面给出评价数字普惠金融的具体指导方法。Beck 等学者(2007)选取了 8 个指标对金融服务水平现状开展评价,比如每万人在每一百平方千米内拥有 ATM 机数量和金融机构网点数量等。参照联合国开发计划署计算人类发展指数的方法,Sarma 和 Pais(2011)测算了 45 个国家的普惠金融发展指数,并首次引入产品接触性、使用效用性和地理渗透性三大维度,这三个维度也为后续学者的研究提供了范式参考。随后的学者(Ambarkhane et al.,2016)的主要贡献在于丰富了指标体系测算,进一步完善了维度。为了减少金融排斥现象,传统商业银行不断扩张网点从而获得更好的网络效应(Berger 等,2009)。

现有的关于普惠金融发展水平评价的文献大都是基于 Sarma 和 Pais(2011)

的评价框架,指标选取的标准不一,对大数据的研究不足;一般采用比较简单的平均权重;大部分学者建立指标体系是基于商业银行的视角,但是随着现代金融体系框架的不断成熟,新金融业务不断产生,单纯运用商业银行相关指标和数据难以全面、准确地反映普惠金融,尤其是数字普惠金融的发展情况,而目前涉及互联网、移动端的指标和维度的文献数量非常有限。

(二)区域差异

王哲(2011)、孙晶(2013)在对区域经济的研究中发现,由于现代资源的供给与需求在空间中的分配不平衡,金融业的发展运行势必存在区域不均衡的现象(即存在一定的空间效应)。随着市场经济的不断发展,互联网金融工具的出现,某些偏远地区、农村地区的小微企业频繁出现违约现象,这和数字普惠金融的区域性差异有很强的正相关性。

陈银娥等学者(2015)构建了普惠金融发展指数的综合评价模型,认为我国普惠金融发展呈现较强的多级分化现象,表现为东部地区越来越发散,中西部地区越来越收敛,考虑空间效应时,较高水平邻居能通过空间扩散效应间接带动邻近地区的发展。梁丽冰(2020)以我国 30 个省(区、市)2013—2017 年面板数据为样本,以北京大学互联网研究中心的数字普惠金融指数和以泰尔指数度量的城乡收入差距为核心解释变量与被解释变量,构建空间面板滞后模型(SAR)和空间面板杜宾模型(SDM),对数字普惠金融对城乡收入差距的空间效应进行回归分析,研究发现本省(区、市)的城乡收入差距对相邻省(区、市)具有显著的正向空间溢出效应;数字普惠金融对本省(区、市)的城乡收入差距具有显著的缩小作用,同时对邻近省(区、市)的城乡收入差距也具有缩小作用。

目前国内外对于普惠金融区域差异的研究多以指标体系构建为主,其中以描述性分析居多,定量研究成果相对不足,并且鲜有文献立足区域差异视角对数字普惠金融进行深入研究。

(三)影响因素

从服务形态与制度变迁方面考虑,全球数字普惠金融经历了"微型金融→普惠金融→数字普惠金融"的演进历程。现有国内外文献,集中于将普惠金融作为影响因子 X 变量进行研究,涉及数字普惠金融影响机理的文献非常有限。大部分学者对传统普惠金融的影响机理进行了研究,大致分为以下四个方面:宏观经济层面、收入差距层面、金融调控层面、"互联网＋"层面。

(四)减贫效应

金融与贫困的关系早在 McKinnon(1973)和 Shaw(1973)的研究中已经涉

及,他们认为制约广大发展中国家贫困地区经济发展的一个重要因素就是金融抑制现象。之后,一大批国外学者以金融的视角来系统研究贫困(Galor & Zeira,1989;Greenwood & Jovanovic,1990)。2016 年 8 月,由中国普惠金融研究院发布的《数字普惠金融的实践与探索》中指出,数字普惠金融首先降低金融服务的门槛,进一步减弱贫困效应。宋晓玲(2017)认为数字普惠金融在数字技术、用户群、风险控制这三个维度的耦合作用下,解决了一直以来的"成本"与"收益"之间的不匹配矛盾,通过降低门槛效应、缓解排除效应和减贫效应,缩小城乡收入差距。

（五）风险与监管

创新与风险是金融永恒的主题。黄益平(2017)指出,数字普惠金融是一种由经济发展推动的自发创新,有的获得了成功,有的制造了混乱,有的前途未卜,不过,数字普惠金融在中国能得到长足的发展,政府最大的贡献就是没有把它扼杀在摇篮里,监管部门允许了这样的创新。由于数字普惠金融业务具有虚拟性,一般不提供面对面服务,也没有实体网点,大量消费者个人信息留存在平台,潜藏着消费者财产在网上被盗取、包含隐私的各类信息泄露、维权成本较高、损害求偿权难以保障等风险,还存在大量数字欺诈、不当使用数字足迹和数字画像等行为,很多直接就构成刑事案件,这类新型、叠加的风险的传染性、破坏性较强,对社会危害性也大。陆岷峰、沈黎怡(2016)指出,由于数字普惠金融具有虚拟性,为消费者信息泄露、资金交易安全问题的产生提供了条件,消费者明显处于信息不对称的弱势群体一方。胡滨(2017)提到,推行中国版的"监管沙盒"时机已趋成熟,金融科技企业可以在安全空间内测试其创新的金融产品、服务、商业模式和营销方式,避免现场监管在一开始碰到问题时就跟进,约束创新。何宏庆(2020)指出数字技术没有改变金融风险的隐蔽性、突发性和传染性,反而使金融风险、技术风险、网络风险更容易叠加和扩散,由此进一步放大了风险的危害。为有效规避和化解数字普惠金融风险,必须增强数字风险意识、明晰行业边界、提高数字技术水平、强化行业监管、倡导征信共享、缩小数字鸿沟和完善社会保障体系。

数字普惠金融的风险和监管问题,已经成为关注的重点领域,但数字普惠金融风险特征、风险类型方面的研究还有待加强。在监管方面,"监管沙盒"虽讨论较多,但在加强科技监管、数字普惠金融牌照准入与适度监管等方面还未存在一致的标准。

普惠金融理念提出的时间已经有十多年,在近几年数字技术发展、金融供给侧结构性改革、金融精准扶贫、金融服务实体经济等宏观背景下,数字普惠金融得到国内外广泛关注,并在国际间达成共识。伴随着实践领域一大批互联网金融、金融科技领域独角兽企业的发展壮大,数字普惠金融技术已具备可复制性和可推广性。各国特别是我国非常注重鼓励业务模式创新,力争在全球竞争中抢占先机。

三、数字普惠金融政策解读

近年来,随着金融科技的快速发展,数字普惠金融日趋火热,一些国际组织和国家出台了诸多涉及数字普惠金融的政策文件,推进数字普惠金融的发展。其中,《G20 数字普惠金融高级原则》等 15 份政策文件具有一定的代表性,如表 2 所示。

表 2　数字普惠金融具有一定代表性的政策文件概览

国际组织/国家	时间/年	政策文件名
普惠金融全球合作伙伴	2016	全球标准制定机构与普惠金融——不断演变的格局
	2017	数字普惠金融的新兴政策与方法
普惠金融全球合作伙伴、二十国集团	2016	G20 数字普惠金融高级原则
国际货币基金组织、世界银行	2018	巴厘金融科技议程
世界银行、中国人民银行	2018	全球视野下的中国普惠金融:时间、经验与挑战
美国	2018	创造经济机会的金融体系:非银行业金融、金融科技和创新
印度	2014	旗舰普惠金融计划
	2018	普惠金融指数
	2018	印度储备银行 2018—2019 年度第五次双月货币政策声明
中国	2015	推进普惠金融发展规划(2016—2020 年)
	2018	关于进一步深化小微企业金融服务的意见
	2018	关于 2018 年推动银行业小微金融服务高质量发展的通知
	2019	关于金融服务乡村振兴的指导意见
	2019	关于 2019 年进一步提升小微企业金融服务质效的通知
	2019	中国农村金融服务报告(2018)

　　《推进普惠金融发展规划（2016—2020年）》是我国首个发展普惠金融的国家级战略规划，其明确了普惠金融发展总体目标为到2020年要"使我国普惠金融发展水平居于国际中上游水平"。2016年9月，中国作为轮值主席国牵头制定了《G20数字普惠金融高级原则》，该原则是国际社会第一次在该领域推出的高级别指引性文件。文件提出希望通过数字技术提高普惠金融的发展水平，进而推动经济的发展，认为数字普惠金融势必将在未来成为全球大趋势，实现社会所有阶层和群体平等地共享金融服务。国家"十三五"规划纲要提出，要规范发展互联网金融，有序开展数字普惠金融的创新，全面提升数字金融服务的能力和水平，促进数字技术与普惠金融的融合。2019年9月，中国人民银行发布《中国农村金融服务报告（2018）》，加强数字普惠金融领域的金融标准建设，加强数字普惠金融知识宣传普及，提升消费者的数字金融素养和防风险能力。这些文件的出台，都从政策层面肯定了数字普惠金融发展的重要性和必要性。

　　综合分析全球及我国的数字普惠金融相关政策，可以看出，虽然数字普惠金融在全球范围内仍算新生事物，但在国际减贫、促进全球可持续发展等方面发挥着越来越重要的作用。各国由于历史渊源、文化特色、政治环境、经济发展水平不同，在数字普惠金融发展和监管的路径选择上不尽相同，但对于原则性、根本性问题，仍保持高度一致。

　　（一）依赖金融科技发展普惠金融的路线图——已成共识

　　作为最早提出数字普惠金融概念的国际组织，GPFI强调通过数字技术创新及与其相关的新机构、新产品、新服务来覆盖"无法享受金融服务或金融服务不足的群体"。作为倡导性的国际政策文件，《G20数字普惠金融高级原则》在倡导通过数字技术发展普惠金融时，强调了适合国情的国家层面政策支持、相关主体（包括监管部门、市场参与者等）之间的合作、金融行业的金融产品和基础账户支持。国际货币基金组织、世界银行在《巴厘金融科技议程》中强调了利用金融科技克服传统金融在普惠金融领域覆盖面不足、客户识别困难、服务成本过高、商业可行性不强等问题。中国人民银行和世界银行在2018年联合发布的《中国普惠金融报告》中也强调了数字金融对于普惠金融可得性、便利性、可负担性、商业可行性和可持续性等方面的提升作用。

　　美国财政部认为大数据、人工智能、机器学习等数字技术有助于加强对学生和工薪阶层的信贷支持；印度国家层面的旗舰普惠金融计划未着重提及数字技术，但在2018年发布的普惠金融指数中体现了一定的数字技术导向。中国2015

年发布的《推进普惠金融发展规划(2016—2020 年)》提出了积极引导各类服务主体利用金融科技和数字技术拓展普惠金融服务的广度和深度,后续的一些政策文件在各自重点关注的普惠金融细分领域强调了金融科技和数字技术的重要性,并重点提及了互联网金融、大数据、云计算、人工智能、区块链等新兴技术。

可见,通过金融科技发展数字普惠金融在国际组织和各国之间已基本形成共识,表 2 中的各份政策文件基本都关注或涉及该领域。国际组织的文件强调了国家层面政策支持和引导的重要性;各国的政策文件在系统性和导向性等方面契合了本国的国情。

(二)数字普惠金融创新与风险的关系——做好平衡

GPFI 白皮书(2016)指出,数字普惠金融在运营、清算、流动性、信贷、消费者保护、反洗钱、涉恐资金查处等方面将带来一定的风险。《G20 数字普惠金融高级原则》对此持相同观点,并提出要平衡好数字普惠金融发展中的创新与风险,但仍然强调要鼓励数字普惠金融创新,乃至探索发行数字法定货币。

世界银行和中国人民银行一致认为,金融科技、数字金融的本质仍然是金融,其风险更具隐蔽性、传染性和广泛性,需要予以重视。在国家层面,各国政策文件以明确或隐含的方式,提及了数字普惠金融的创新与风险。

显然,国际组织在看到潜在风险的同时,更在意数字普惠金融带来的好处,因而要求"平衡创新与风险"。在创新与风险之间寻求一种平衡,体现了国际组织的"均衡"和"适度"思维,值得各国借鉴。

(三)数字普惠金融的有效监管——公平包容

GPFI 白皮书(2016)简单地提及要监管普惠金融带来的新问题。《G20 数字普惠金融高级原则》提出要构建恰当的法律和监管体系,包括灵活有延展性的适宜的法律框架,鼓励创新的适度监管、公平竞争与防止监管套利,明晰监管部门的职责并提升监管能力,加强跨国交流等。

GPFI《数字普惠金融的新兴政策与方法》(2017)在介绍各国经验时提到了中国对支付机构的分层监管和行业自律协会的设立、英国和美国的"监管沙盒"、奥地利和卢旺达的"监管科技"。

美国财政部提出取消部分不合适的规则,监管支持创新,突出监管要为创新让路。印度在 2018 年提出将成立专门的中小微型企业专家委员会,在普惠金融监管领域做出优化。中国在国家层面提出"促进互联网金融组织规范健康发展",要求"提高普惠金融服务水平,降低市场风险和道德风险",在相关部委文件中也提出了有针对性的监管措施,并提出金融机构内部机制创新与政策倾斜、监管部门差异化监管与完善法律法规。

可以看出,在数字普惠金融的有效监管方面,国际组织更强调一般性的原则,并且突出两个方面:一是公平,包括技术中性、公平竞争与防止监管套利;二是鼓励创新,包括适度监管和灵活有延展性,这也体现了政策需要"与时俱进"。各国结合自身的国情,提出了相对具体的政策,但有针对性地监管科技应用还落后于数字普惠金融的发展。

(四)数字普惠金融的基础设施建设——有待重视

GPFI白皮书(2016)提出要强化金融业标准制定机构间合作,这暗含了统一基础设施的理念。《G20数字普惠金融高级原则》较为完整地提出了数字普惠金融基础设施建设的概念,包括电力电信互联网的全面覆盖、现代化和开放的安全高效支付平台、政府和服务商的渠道支持、抵押物登记系统优化、保护消费者隐私前提下的信用数据高效支持等,并鼓励探索区块链技术在该方面的应用。

从各国的政策文件来看,除中国的《推进普惠金融发展规划(2016—2020年)》和《关于金融服务乡村振兴的指导意见》之外,其他文件未专门阐述数字普惠金融基础设施建设。另外,中国发布的《商业银行担保物基本信息描述规范》统一了担保物描述基准和风险管理的"工作语言",是中国在金融标准化和数字普惠金融基础设施建设方面取得的新进展。

各国政策文件相对较少涉及数字普惠金融基础设施建设方面,表明各国在宏观政策层面对该领域的重视程度还有待进一步加强。

综合以上分析可以看出,各国高度重视数字普惠金融的快速发展,并在发展路线、监管方式等大方向上达成共识,因地制宜地制定了符合自身国情的细化落地政策。在数字普惠金融领域,无论是业务发展还是监管方式,我国均走在了世界的前列。完善的顶层设计是数字普惠金融发展的有力保障,我国有望在此赛道实现弯道超车,借助技术的力量使普惠金融发挥更大的社会效益。

数字普惠金融体系构建

基于互联网的城镇金融服务体系构建研究①

杨　洁②

内容摘要:当前,我国县域金融发展面临信贷支持力度低、中小企业融资渠道单一、银行贷款难等诸多问题,严重制约了县域经济发展。针对互联网金融在县级城镇地区渗透发展的不足和不平衡,有必要通过构建基于互联网的城镇金融服务平台,建立和完善城镇金融生态服务体系,促进互联网金融和地方金融的合作共赢,让互联网金融更好地服务区域经济,推动县域经济发展。本文的重点在于将互联网金融与城镇金融相结合,以一种全新的城镇综合金融服务平台模式呈现,将互联网理财、"三农"金融、县域经济发展等业务作为核心,依托金融科技的模式,发挥平台优势,整合县域优质的经济资源,构建高效的金融服务平台。

关键词:城镇金融　互联网　地方金融

一、引言

县域金融机构依托农业、农村和农民,在实现自身的经营发展过程中,以服务"三农"为社会责任和经营宗旨,不断满足"三农"对金融的需求,提高金融服务的可获得性和便利性,成为实现金融普惠发展的主要推动力。互联网金融作为一种传统金融机构与互联网企业实现资金融通、支付、投资和信息中介服务的新型金融业务模式,对于我国正规金融体系是一种有益的补充。我国农村地区金融发展相对滞后,资源匮乏,金融基础设施建设薄弱,征信体系不健全等问题亟待解决,而互联网金融可以打破传统金融的约束,降低信息整合成本,有效促进"三农"发展。因此,将互联网金融应用到普惠金融发展层面,是我国城镇地区以

---

①　浙江省金融教育基金会 2017 年度资助课题(项目编号:2017D26)。项目负责人:杨洁。
②　作者简介:杨洁,女,(1989—),浙江金融职业学院会计学院讲师,主要研究方向:财务管理。

及农村地区金融改革的方向。构建基于互联网的金融服务体系对经济发展有重大作用。

二、我国城镇金融发展问题

(一)城镇金融机构资源匮乏

由于抵押品和信用等不足,低收入群体不容易得到金融机构的贷款。城镇金融机构资金不充裕,普通居民贷款难,中小企业贷款难,间接地减缓了我国城镇区域发展的步伐。城镇金融机构征信系统不完善,城镇居民信用档案不健全,城镇企业与金融机构之间的信息不对称,使得双方在资金供给和需求方面难以匹配。如果能依托互联网技术,构建居民征信网络数据库,扩大城镇金融机构资金来源,就可以在一定程度上缓解城镇金融机构资源匮乏的问题。

(二)城镇金融服务不完备

我国城镇金融机构基本金融服务如存取款、支付结算已经全面覆盖,理财产品服务如购买证券、保险等仍需进一步加强。如乡镇居民到多数金融机构可以购买到国债,但是部分金融机构仍然存在最低投资金额限制,农产品期货市场功能不健全,市场效率偏低。另外,乡镇居民更关注与农业农村生产相关的金融产品,而满足这些居民需求的金融产品购买服务较少。

(三)互联网技术应用不够

随着互联网技术的高速发展,传统金融业务逐渐网络化,第三方支付、大数据金融、众筹等互联网金融模式在信息技术广泛应用的基础上自发形成并不断发展丰富。当前中国互联网正由快速发展阶段转为规范发展阶段,行业金融总量比重较低但业务面广,用户持续稳定增加,互联网保险业呈现进一步扩张等趋势。我国互联网金融发展有自身的特点并呈现地域性差异。与互联网金融发达的北京、上海、杭州等城市相比,县级城镇互联网金融发展滞后,亟须思考以及着手解决互联网金融和区域金融发展有机结合的问题。

三、构建基于互联网的城镇金融服务平台

我国县域金融发展面临信贷支持力度低、中小企业融资渠道单一、银行贷款难等诸多问题,这严重制约了县域经济发展。针对互联网金融在县级城镇地区渗透发展的不足和不平衡,有必要通过构建基于互联网的城镇金融服务平台,建立和完善城镇金融生态服务体系,促进互联网金融和地方金融的合作共赢,让互联网金融更好地服务区域经济,推动县域经济发展。

（一）应用互联网技术，构建城镇金融服务平台，推动城镇实体金融与互联网金融融合发展

互联网金融是具有"互联网"思想的金融，它依托互联网信息技术，重新构建金融模式，改变县域金融发展受空间、时间条件约束的局面。可以着眼于城镇实体金融与互联网金融融合发展，构建一个城镇综合金融服务平台，将地方银行和政府部门等纳入其中，以互联网金融模式的平台作为一线支持和服务平台，充分发挥平台的优势，促进互联网金融和地方金融的有机结合，推动县域城镇经济发展。该平台可涵盖互联网金融机构，投资机构或个人，城镇政府部门，地方金融机构，城镇企业与个人。在该平台中，城镇企业与个人可以获得对接的金融服务，外在投资机构或者个人可以通过互联网金融机构进行投资并获得相应的收益。地方金融机构都参与其中，利用该平台提供相应的所求信息或者获取相应的所需信息，通过该平台把城镇企业或居民用户所需要的金融服务做好。当地的政府部门也应参与其中，成为城镇综合金融服务平台的推动者、保障者、监督者，发挥自己的价值，引导城镇居民了解以及应用该金融服务平台。

信息不对称一直是金融机构和贷款需求者双方的难题。现在大量的消费行为都在网络上进行，这些相关信息都有助于金融机构评判客户的个人信用，进而有效控制贷款人违约的发生。传统金融机构拥有的数据只能评估客户的还贷能力，并不能评估客户的还款意愿，而互联网金融能借助其自身优势，广泛利用各种交易信息和数据，如电商平台交易痕迹、网上银行交易记录等，多层次、全方位对企业进行评估，建立大数据征信系统。同时充分利用线下金融机构网点的优势，整合有效的资源，实现线上线下的有机结合，更准确地评估贷款人的还款意愿，从而有效降低不良贷款率。在该金融服务平台中，可以有效利用互联网平台评估贷款人或者中小企业的还款意愿以及多方位评估其还贷能力，让投资者能多角度、多层次、多渠道地了解本地中小企业或者个人的真实情况，从而采取更加全面的投资决策分析。该类金融服务平台如图1所示。

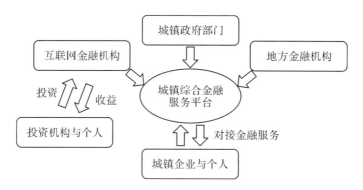

图 1　金融服务平台

（二）从政府与行业管理视角，研究相关的制度体系建设，为城镇金融服务平台有效运行提供保障

互联网金融准入门槛较低，监管较弱，促使一大批互联网金融企业如雨后春笋般出现。县级城镇金融产品的空白和金融服务的不健全使得县级城镇成为互联网金融企业发展的新市场。随着县级城镇金融基础设施的不断完善和用户金融意识的不断提升，会有更多的互联网金融产品出现，大大提高资金运用效率，从而推动新型城镇金融体系的建设。

政府要发挥其公信力，颁布有效的互联网金融行业规范政策，实施有效措施进行监管。网络贷款行业要谋求合规发展，不再局限于单一的网贷业务，而要为中小企业提供可靠的金融服务。银行等其他相关金融机构需在此平台中积极与多方合作，相互监督。通过政府、互联网金融平台以及相关金融机构的努力协作，城镇综合金融服务平台能发挥其最大的效用。

（三）加强居民金融能力建设，推广金融服务平台，深化城镇金融改革

广大县级城镇地区的居民由于获取信息渠道的狭窄和受教育水平的限制，金融知识不完备，金融能力不健全，对于新型金融模式不够了解。为此，可以加强对广大县级区域居民的金融教育，加大金融知识普及力度，利用手机银行、网络银行等渠道宣传相关金融知识。金融服务平台体系里面的实体网点也可以在农业经济、公司治理、企业管理、金融知识和融资技能培训等各方面提供支持，开展多种形式的宣传推介活动。通过金融能力建设，提高县域居民对金融产品的理解，从而提升区域居民的金融意识。促使互联网金融的思想深入人心，并且大力推广基于互联网的城镇金融服务平台，让广大居民熟悉该平台并利用该平台获得自己所需要的金融服务，增强自身金融能力。

四、基于互联网的城镇综合金融服务平台的创新优势

（一）路径创新

城镇综合金融服务平台模式以城镇为单元。首先需要互联网金融机构在线下与政府合作成立当地的综合金融服务平台，依靠地方政府的公信力，吸收地方银行、地方担保公司、地方小贷公司等金融机构，共同建立合作关系，依靠相关机构的业务能力、管理能力及担保增信能力，推广与当地经济情况相符合的信贷产品。

其次，由互联网金融机构在线上建立城镇综合金融总服务平台，将县与县、镇与镇相连，实现省级乃至全国范围全覆盖，最大限度地融合地方金融和互联网金融，为城镇的经济发展打开省内外的金融服务大门，逐渐形成比较全面的综合金融服务模式，以有力地促进地方金融和互联网金融双向健康发展。在该模式中，地方政府、地方银行、地方企业与互联网金融平台以及其他相关机构签署多方协议，共同有效合作，以实现平台持续发展。

（二）技术创新

互联网金融机构需要建立一个科技分公司或者寻求互联网技术公司合作，搭建一个专门针对综合金融服务平台的信息服务系统。在大数据采集的思想指导下，对申请贷款企业进行筛选，对其金融风控模型加以应用，在贷后继续进行舆情监测和客户信息实时更新，谨防异常情况出现。在总服务平台上，地方之间应打开门户相互进行链接以实现信息互通，最大限度地控制风险。构建城镇金融服务平台和建立运行制度保障体系，需要地方政府、银行、借款企业、互联网金融机构以及其他相关企业共同努力和协作。政府应大力支持普惠金融发展，积极向服务平台推荐可贷企业，并对银行进行监督。银行应与互联网金融机构共同监管贷款资金账户，多层审核，从严把关，全程监控，依靠信息技术的帮助进行实时风险监控，最大限度地降低风险。中小企业应提高自己的信贷能力，改善自己的信贷形象，严格遵守服务平台的规章制度，严格按业务流程申请贷款。城镇综合服务平台应认真审核申请材料，政府与平台相关部门成立审查小组进行审批，服务平台进行复核。整个流程应做到公平公正。多方协作下，城镇金融服务平台才能得到持续发展。

此外，在互联网时代，大数据成了信用评级在互联网金融领域的重要支撑，它将引导数字化评级的最终实现。互联网金融发展要求建立效率与效果统一的互联网评级思维模式，大数据技术的发展顺应了互联网金融信用评级的需求。

大数据拓展了信用信息的内涵,丰富了信用信息的内容。同时,因其本质在于还原真实,对于厘清互联网金融信用主体债权债务关系、绘制互联网金融用户信用画像、实现互联网金融信用风险动态监测具有不可估量的作用,从而推动互联网金融信用评级通过数据标准化、分析数字化以及评级智能化实现精准、高效评级的目的。大数据时代的一个突出特征就是信息量的增大及信息增长速度的提高,同时信息传输方式越来越便捷。揭示信用风险的信用评级正是以信用信息为加工和分析的载体。当前大数据的发展不仅深化了互联网金融信用信息的内涵,同时扩大了互联网金融信用信息的来源。信用信息是用来反映或描述信用主体信用状况的相关数据和资料,主要包括政府信用信息、企业信用信息和个人信用信息。大数据的应用如图 2 所示。

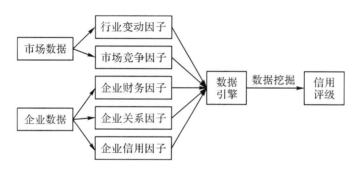

图 2　大数据的应用

在传统信用评级体系中,企业信用信息主要指资产负债信息、经营信息等,个人信用信息主要指银行记录以及负债等信息。由此可见,无论是企业还是个人,财务信息都在传统信用评级中居于核心地位。而以大数据为基础的互联网金融信用信息,不仅包括财务信息,还包括互联网金融主体的基本属性、网上交易信息、网络信用评价、网络交易习惯以及社交网络信息等初级信用信息。除此之外,还包括经过深层次挖掘形成的信用数据等二级信用信息。换言之,凡是与互联网金融主体信用关系具有相关性的数据与资料,均构成信用信息。传统信用评级的信用信息来源主要是以银行为主的金融机构,如商业银行、信用合作社、财务公司、担保机构等,其信用信息主要是金融交易记录信息。大数据的发展,使互联网金融信用信息的获取范围从信用主体内部推向外部,从有限的公众记录推向了无限的网络世界,信用信息的来源和类型失去了边界。信用信息的真实性是信用评级的核心要求,是实现评级准确性的必要前提。传统信用评级技术对于信用信息的整理主要通过分析师现场尽职调查以及人工审核完成。这样的信用信息审核方式效率低下且容易出现遗漏。在大数据条件下,通过构建大数据反欺诈模型,就可以规避传统人工审核的烦冗和由不可抗力因素导致的错漏,大大提高审核效率和信息的真实度。在城镇综合金融服务平台中,将推动信用评级的纵深发展,从而更好地促进与其他主体的相互连接,更好地服务广大用户。

（三）政府积极参与

在城镇综合金融服务平台中,当地政府扮演着举足轻重的角色。互联网金融作为一种准金融机构,与非融资性担保公司、私募股权基金机构等一样,目前仍没有明确的监管主体,监管体系不完备而其自身具有多重风险,如法律风险、信用风险、技术风险、市场风险等。在监管方面,互联网金融行业没有独立的行业协会。因此,在城镇综合金融服务平台中,政府应首先明确各监管主体的监管职责,避免出现监管不到位的问题,同时应该与该平台中的金融认证机构、信用评级机构、中介组织等加强合作交流,互通有无,构建金融风险防控信息网。制定合理的互联网金融行业法律法规,提供制度依托和保障,确保准入条件、业务扩展等方面符合监管要求。另外,在政策上,可以通过实施税收优惠政策、适当降低贷款利率等方式减轻城镇财政负担,完善财政方面的奖励和补贴制度,扩大财政奖励和补贴的范围,延长新型城镇金融机构的定向补贴费用的期限,提高位于金融薄弱区域的金融机构网点的补贴比例。拓宽县级城镇区域金融贷款的资金来源,改进农业方面的贷款管理。同时,在保证资金安全的情况下,鼓励政府将社保基金、公积金以及医保金等存放于该金融服务平台中的互联网金融机构,增加区域的金融体系资本。总之,在该金融服务平台中,政府应积极引导非正规金融机构的发展,致力于培育竞争性强的农村金融市场,加强信息披露,设立风险衡量指标,以促进区域金融市场的良性发展。

五、结语

在互联网高速发展的今天,互联网金融逐步深入城乡地区。我国县域普惠金融的发展是多种方式实践的结果。本文提供的是一个基于互联网的综合金融服务平台,涵盖多个主体,包括投资方、互联网金融机构、政府部门、地方金融机构、城镇企业与个人等。在该平台中,互联网充分发挥其作用,助推数据挖掘、模型建立,推动信用评级向纵深发展,完善互联网金融机构金融服务,为广大平台内用户提供更加完善的用户体验和金融服务。该金融服务平台的推动需要各方协力合作,增强广大居民的金融意识,提高相关金融能力,相关主体切实做到各自发挥所长,助力实现更丰富、精准的金融服务。由此,金融服务平台才能以高效共赢的姿态推动地方经济的发展。

【参考文献】

［1］李京晓,逯家豪.普惠金融视角下的互联网支付服务研究[J].现代管理科学,2015(8).

［2］雅茹.内蒙古县域经济发展模式分析[J].知识经济,2017(9).

［3］杨光.互联网金融背景下普惠金融发展研究[J].征信,2015(2).

互联网金融背景下浙江农信社转型升级研究①

翟　敏②

内容摘要：互联网金融迅猛发展并积极向农村布局，传统银行与互联网金融强强联合，改变了农村金融生态。本文在分析农村金融新生态的基础上，深度剖析农信社的优势和劣势，为浙江农信社在互联网金融大背景下的转型升级提出了相关建议。

关键词：互联网金融　农信社　大数据

一、引言

2017年以来，五大国有商业银行先后与互联网公司进行了技术与资金上的强强联合，"工行＋京东""农行＋百度""中行＋腾讯""建行＋阿里"模式，标志着传统银行业与互联网金融科技的亲密融合拉开了帷幕。银行业从早期对互联网金融科技的质疑，到目前的主动拥抱，充分说明互联网改造传统银行业已经成为不可阻挡的发展趋势。这给资金实力、技术水平、产品创新、人员素质等基础相对较弱的农信社带来了更为严峻的考验。近年来，新兴互联网金融对农村地区的布局改变了农民的金融消费习惯，隐形的触角已伸向农村地区，大银行与新兴互联网金融在技术领域相互利用，间接地拓宽了服务范围，无须新设网点，改变了已有的农村金融生态。虽然农信社已有数十年的历史，对农村经济发展起到了举足轻重的作用，但在互联网金融的挑战下，抓紧补足短板、加速转型升级、积

① 浙江省金融教育基金会 2017 年度资助课题（项目编号：2017D31）。课题负责人翟敏；课题组成员：金晓燕，邱俊如。

② 作者简介：翟敏，女，(1981—)，浙江金融职业学院金融管理学院副教授，主要研究方向：货币金融、农村金融。

极应对互联网金融的挑战是一项艰巨的任务。

二、互联网金融背景下农村金融新生态

(一)新兴互联网金融加速向农村布局

"三农"问题一直以来备受党和国家的高度重视,连续几年中央一号文件都强调重视农村金融发展,将金融作为实施乡村振兴战略的重要支撑。随着国家政策对农村金融的扶持,以及市场导向作用的进一步强化,农村金融的发展空间得到前所未有的拓展。阿里巴巴、京东、苏宁等企业纷纷表现出对农村金融市场的巨大热情,农村金融的"黄金时代"已经到来。互联网金融平台凭借先进的网络技术和大数据技术,具有服务便捷多元、交易成本低、精准锁定服务对象、融资效率高等诸多优势。自2014年以来,互联网金融公司纷纷布局农村金融市场,对涉农金融业务进行系统化的梳理,逐步构建起农村金融生态系统。除配合阿里巴巴集团的农村淘宝项目让支付实现"下乡"外,蚂蚁金服还在浙江建德、桐庐等地建起了"支付宝"县,让农民可以在手机上方便地获取挂号、缴水电费等各种公共服务,成功向农户发放纯信用贷款,通过专门的理财产品,打通了支付、理财、融资等多个业务板块,让农民通过手机便利地获取现代生活服务,并通过电商和金融服务平台促进农民创业。例如,蚂蚁金服旗下的浙江网商银行开通了"旺农贷"业务,对创业农民提供高达100万元的信用贷款。除此之外,一些大的互联网金融公司组建了区块链实验室,研究前沿尖端技术,在信用评价等金融核心领域,未来极有可能发生革命性变化。同时,以腾讯为代表的互联网企业加速推进场景金融科技研发,基于社交平台、电商平台开发金融功能,更加贴近客户需求。可以说,各类互联网平台在各个领域向传统金融、中小金融机构展开猛烈攻势。

(二)传统银行与互联网金融加速融合

目前,金融业监管趋严,以监管套利为主的"伪"金融创新受阻,以强化金融深化为主的"真"金融创新大有可为。作为"真"金融创新重要部分的金融科技创新亟待拓展。金融和技术深度融合带来的成本效率改变以及想象力改变的奇点日益临近。大数据、人工智能、云计算代表的数据、算法、算力三者将合力改变金融的技术基础,由此也将深刻影响银行的获客成本、风险甄别成本、运营成本和资金成本等。银行和科技的深度结合促进了银行转型,加快传统业务优势渗透到新的金融服务领域。一方面,商业银行内部技术迭代缓慢,线下获客能力遭遇瓶颈,为了寻求突破,商业银行依托于与具有场景和大数据科技的公司的合作,

强化客户下沉,提升长尾客户服务力度。另一方面,商业银行综合化经营的基础也需要金融科技的助力。科技已成为重塑银行业重要的内生力量,但是传统银行面对人工智能、区块链等新一轮信息技术革新,在系统开发、重塑产品、客户关系等方面的能力和反应速度已远落后于大型互联网科技公司。通过合作,商业银行快速灵活地借助对方的优势,加速提升资金流转、客户交叉、产品加载等方面的综合化经营能力。跨界合作是商业银行扩大金融服务领域的重要手段。因而,在这种新形势下,曾经弥漫在互联网科技公司和传统金融行业之间的紧张对峙,开始逐渐消散。互联网科技公司与传统银行已经更加清晰地认识到,它们之间并非零和游戏,而是彼此互补。二者取长补短,强强联合将会产生"1+1>2"的乘数效应,也将帮助形成新金融格局。2017年,工行与京东、农行与百度、建行与阿里巴巴、中行与腾讯分别建立了战略合作关系,强强联合,标志着传统银行业与互联网金融科技的亲密融合拉开帷幕。银行业从早期对互联网金融科技的质疑,到主动拥抱,充分说明互联网改造传统银行业已然是不可阻挡的发展趋势。

三、互联网背景下农信社优势和劣势分析

(一)优势

1.客户资源丰富,群众基础好

农信社一直以来致力于服务农村当地经济,户籍地员工较多,会方言,便交流,社会资源和人脉资源丰富,有利于进一步细分市场,锁定目标客户群体,从而针对特定客户开展信息采集、金融服务需求调查与分析等工作,这是其他金融机构所不能比的。农信社相对其他金融机构而言拥有更为坚实的群众基础,这得益于农民对农信社的深厚感情和信任惯性,农民普遍倾向于选择农信社作为贷款、存款、理财的帮手。如果农信社通过互联网信息技术手段创新金融产品与服务,将会吸引更多农民成为农信社的忠实客户。农信社姓"农",以服务"三农"为根本,长期服务农村地方经济,相较于其他金融机构而言,其更加熟悉农民的理财习惯和金融需求,能够为农民提供更加便捷、高效、全面的金融服务。

2.助力农村经济,企业形象良好

浙江省农信社自1952年成立以来,历经70多年风雨历程,始终将服务"三农"作为自己的使命,积极做好金融扶贫工作,对建档立卡的贫困户进行实地考察摸底,按照"宜场则场、宜户则户、宜企则企、宜社则社"的原则开展分类精准扶贫工作。深入实施普惠金融工程,积极探索多元化和全覆盖的精准扶贫模式,在

小贷扶贫、光伏扶贫、慈善扶贫等方面不断创新,仅信贷扶贫贷款就达 45.81 亿元,直接帮助 7.16 万户农户脱贫。农信社始终秉承热心公益、回馈社会的优良传统,积极采取各种形式参与社会公益事业,在扶贫帮困、文化教育、帮助下岗职工再就业等方面发挥了积极作用。浙江省农信社积极履行应有的社会责任,树立了良好的企业形象和品牌效应。

3.营业网点多,有利于弥补互联网金融线下的不足

浙江省农信社拥有 4100 多个营业网点,5 万多名员工,是全省网点人员最多、服务范围最广的地方性金融机构,与传统银行相比,其最大的优势就是网点多,覆盖范围广,遍布乡镇、农村地区。尽管在"互联网+"时代背景下,客户对实体网点的要求没有像之前那样强烈,但是对于农村地区而言,"看得见"的营业网点仍然是广大农民的最佳选择。密集的网点布局,让农民近距离地享受金融服务,有利于农信社各种金融产品与服务的推广宣传,提高农信社的竞争力。

(二)劣势

1.资金实力较弱

传统商业银行网点主要布局在繁华的都市,是城市金融系统的主要力量,资金实力雄厚。相较于传统商业银行,农信社的网点布局主要在农村地区,立足于服务农村地方经济,主要从事与农业生产、经营相关的业务。而农村经济相对落后于城市地区,农民普遍收入水平偏低,农信社的资金实力相对较弱,这在一定程度上阻碍了农信社在"互联网+"背景下进行金融创新活动,不利于农信社的长远可持续发展。

2.技术水平较低,互联网金融业务基础薄弱

大多数农信社的营业网点布局在位置偏远的农村地区,由于地处偏僻,交通不便,农村地区互联网基础设施较为落后,一些地区尚未建立完善的网络信息服务系统和电子化信息服务系统,相关的互联网金融产品也较为缺乏。传统商业银行目前都已建立了功能完善的电子银行平台,完善了各种网络服务设备,相关的互联网金融产品也较为丰富,而农信社的互联网金融才刚刚起步,还有很长的路要走。

3.电子银行产品单一,缺乏创新性

农信社推出的各种电子银行业务,其功能主要包括信息查询、转账、缴费等,类似于网点柜台的非现金业务,因此,从其实质而言仍然属于传统业务,并没有真正把电子银行便捷、高效的性能体现出来。另外,创新型金融产品的营销仍然沿用传统业务的营销模式,电子银行产品的宣传、推广和营销主要依靠

营业网点完成,而联合营销、社区化营销、网络营销等新兴营销手段较少采用,失去了大批网络客户资源。电子银行业务的数据管理都是以静态报表的方式呈现,并没有借助网络技术实现数据信息的及时跟进、处理以及后续分析管理工作。

经过近几年的发展,浙江省农信社的电子银行产品主要集中于网上银行、手机银行等,大部分电子银行业务仍然沿用传统银行业务的开发流程,采用"人有我亦有"的战略,仅仅是在传统银行业务的基础上稍加改动,采用这样的方式来开发电子银行业务,缺乏自主创新能力,真正自主创新的互联网金融产品不多,大多是复制其他商业银行的电子银行业务。浙江农信电子银行业务的收益主要来源于手续费,并且在农信社收益中占比较少,而类似于理财类的高收益中间业务发展明显滞后。相较于传统银行而言,农信社的电子银行业务显然呈现出先天不足、后天滞后的特点。

四、"互联网＋"农信社转型升级建议

（一）大力发展社区银行,实现网点转型

互联网金融的发展让我们的生活变得越来越方便,居民对便捷性金融服务的需求加大,而互联网金融非常符合居民对便捷性金融服务的需求,这就使得互联网金融在短时间内快速发展壮大。但是在农信社生根发展的农村地区,互联网普及率并不理想,互联网金融在农村的渗透缺乏媒介基础,这就给农信社应对互联网金融的挑战提供了一个良好的切入点,这便是建立社区银行。社区银行并不是完全意义上的无人银行,而是依托于线下客户经理制度,由智能终端设备等高科技的手段做辅助,重点实现信贷管理、理财产品销售以及小额存取款等业务,着力打造便捷的社区化金融服务。农信社发展社区银行不是一味地扩展新建,而应该基于原有的物理网点的布设,不断扩充和丰富原有网点所提供的金融服务,从简单的存取款到私人理财,从单纯的线下信贷业务到线上信贷服务,从银行业务到代理业务,实现网点业务综合化和多元化,使基层网点真正从"业务操作"平台转向"客户服务"平台,从交易平台转向销售平台。特别是对于互联网金融普及率较低的农村地区,可以增加各种代理便民服务。

（二）搭建大数据平台,实现个性化服务

1.强化数据信息整合

农信社可以网点为中心建立一个综合服务圈,引入一些非银行类服务项目,逐步实现银行业的跨界经营。具体措施包括:与地方公安、财税等多部门紧密合

作,获取客户水电费、税收、通信费等经营和消费行为的相关信息。针对农村企业信息化程度不高的痛点,农信社更要加大金融科技投入。通过进一步的系统和数据共享,农信社可掌握核心企业及关联上下游企业的交易、财务、库存量等信息,以核心企业为担保,发展在线供应链金融业务,提升授信效率和风控水平,积累企业经营方面的大数据,以利于精准营销上下游企业。

2.强化大数据平台建设

互联网金融之所以会得到如此迅猛的发展,主要是强大的数据挖掘为其精准营销提供了依据。就农信社而言,其客户群体较少,只是针对当地的客户,而互联网金融客户则来自全国,客户群非常庞大,每天的日常交易数据非常多,因为没有一套完善的数据采集和统计系统,众多的信息得不到很好的利用,更无法为经营管理提供数据支撑。农信社应致力于搭建客户信息采集系统,实现新数据的采集与旧数据的整合,搭建大数据平台,进一步完善客户信息,着力获取更多的客户信息,建设信用分析模型,降低信用风险。基于互联网金融的长尾理论,运用大数据分析,做好精准营销,以应对复杂多变的外部环境。依靠点多面广的优势,以镇为单位组建采集队伍,通过走村入户的方式,对客户一一建立信息档案,这一做法所耗的人工成本较高,但是所获得的数据对金融服务的利用价值更高。同时就信息采集后形成的数据库,与专业的科技公司合作,建立数据分析系统,对已有的数据进行研究分析,从而挖掘客户需求,为客户提供更多的增值服务。

(三)加快产品创新,实现社区银行发展战略

1.跟上互联网发展趋势

农信社需积极主动应对互联网金融挑战,充分发挥经营机制灵活、管理层次少、决策链条短的优势,从人海战术向网络化、集约化经营转变,依托互联网、大数据和"云计算"等信息化手段,跟踪、量化客户消费习惯,量身定制专属产品,增强品牌意识。线上线下相结合,优化服务流程,提高业务办理效率,提高需求响应速度。

2.贴近社区个性化需求

农信社要积极参与当地政府、社区组织的活动,把"走千家、访万户"活动作为加强与社区关系的重要手段,注重银行产品与社区服务的有效融合,打造"小金融",做小、做散,深入开发个人金融、家庭金融,巩固和强化差异化竞争优势,研发贴近社区居民的开放式产品,满足不同类别客户的产品需求和主要消费需求,让农信社成为社区居民的首选金融机构。

3.贴近当地主导产业链

围绕当地主导产业,发展特色产业链金融服务,努力打造自己的商业生态圈。利用"互联网电商＋金融互联网"平台全面优化产业链金融服务,重点要延伸产业链条,丰富客户服务手段,为核心企业、上下游分散客户提供便捷、贴身的结算、信贷、咨询等全方位服务,实现客户现金流内部封闭运行、信息开放共享,从而提高综合服务效益,降低贷前、贷后管理成本。

（四）培养互联网人才

互联网金融并不是简单地将金融信息网络化,而是科技和金融的有机结合。与其说互联网金融的竞争是科学技术的竞争,不如说是人才的竞争。农信社的人才团队建设是其业务发展较为薄弱的环节,拥有专业互联网技术的人才可谓少之又少,同时农信社一般地处农村地区,工作条件及科技环境较差,不利于留住人才,人才和团队的培养给农信社应对互联网金融的冲击提出了较大的挑战。因此农信社在员工招聘时要重视复合型人才,在具体的工作之中也要重视对员工综合能力的培养,现在的金融从业者不能只是金融专才,更要懂得营销、科技、法律等多方面的知识,要着力培养组建一支会应用互联网思维开展金融营销工作的高素质队伍。在人才培养、团队建设、系统开发的工作中,农信社应充分发挥服务地方发展的功能,带头培养人才,建设强有力的科技团队,更好地提供互联网金融发展的科技及系统支撑。同时互联网的快速发展,也对农信社的信息安全技术提出了更高的要求。为了保障客户的信息安全,应提高农信社信息安全水平,以保障金融业务能够又好又快地开展。

（五）建设互联网思维

农信社面对来自互联网金融的挑战,不应恐慌,不应排斥,不应畏惧,应该正确认识互联网金融和传统金融之间合作共赢的关系,建立良好的互利互惠的合作关系。互联网金融的出现和发展是不可避免的,既然避免不了,那就要重视思想的转变,拥抱互联网,在竞争发展中取得共赢。农信社与互联网的合作模式的契合点可以是信息资源的共享。传统的电子商务平台已经累积了大量的客户购物数据,第三方的支付平台也收集了客户大量的资源信息,农信社在信息资源共享时不可以简单粗暴地交换信息数据,而是应该积极接入和参与网购平台、第三方支付平台,做互联网资金流通的物理化载体,这样,农信社就可以很容易地获得客户的互联网信息,实现信息共享。例如,有些银行将积分从官方网站转移到社交网络进行共享,打通信用卡积分流通的屏障,实现自身积分与他人互通,也因此收集到了客户的很多相关信息,这些信息可以在农信社的产品精准营销以及信用风险管理中提供有力的数据支持。

【参考文献】

[1] 陈颖瑛. 互联网金融背景下浙江农信社加快转型升级的实践性研究[J]. 浙江金融,2017(9).

[2] 蔡晶鹏. 互联网金融对河南省农信社的影响及对策研究[D]. 郑州:河南大学,2016.

[3] 江志刚. 农信社发展互联网金融策略分析[J]. 中国农村金融,2015(12).

[4] 潘颖. 互联网金融对农信社的影响及对策研究:以仙游农信社为例[D]. 泉州:华侨大学,2017.

互联网金融背景下小微企业融资生态体系构建[①]

雷　舰[②]

内容摘要:近年来互联网金融在我国迅速崛起,并已形成一个相对独立的金融生态体系,互联网金融的普惠金融特性为解决我国小微企业融资问题提供了新途径。本文在分析互联网金融生态的前提下,构建基于互联网金融生态视角的小微企业融资生态机制,包括融资生态主体、融资生态模式和融资生态环境,并就融资生态机制的完善提出了相应的建议。

关键词:互联网金融　金融生态　小微企业

一、引言

中国产业研究报告网发布的数据显示:2016 年我国小微企业数量已经占到全国企业总数的 90% 以上。由此可见小微企业作为我国国民经济的重要组成部分,其生存发展已成为我国国民经济可持续增长的重要支撑点。然而小微企业生存发展缺乏有效的金融支持,融资贵、融资难成为制约其发展的重要因素。

近年来,我国在财税、金融等方面出台了扶持小微企业发展的一系列政策,也取得了很好的成效。如国务院、国家金融监督管理总局、国家发展改革委等多部门出台了一系列通知、意见和办法来帮助小微企业拓宽融资渠道、增设金融服务机构和完善融资担保体系;为了加大对小微企业的税收优惠力度,税务部门就企业所得税、增值税、营业税、印花税等出台了一系列优惠政策。虽然政策层面在不断改善小微企业融资环境,然而小微企业的融资现状依旧堪忧,构建和发展

---

①　浙江省金融教育基金会 2017 年度资助课题(项目编号:2017D13)。项目负责人:雷舰。
②　作者简介:雷舰,男,(1978—),浙江金融职业学院会计学院副教授,主要研究方向:财务与金融。

民主、包容、平等的普惠金融体系任重而道远。

互联网金融自 2013 年以来在我国飞速发展,中国人民银行等十部委于 2015 年 7 月联合印发了《关于促进互联网金融健康发展的指导意见》;原银监会等四部委于 2016 年 8 月联合发布了《网络借贷信息中介机构业务活动管理暂行办法》;中共十八届三中全会正式提出"发展普惠金融"。在国家政策的支持下,小微企业利用互联网金融融资的环境已日趋成熟。互联网金融具有先天的普惠金融特性,而互联网金融的发展与小微企业的发展具有天然的共生性,大力发展互联网金融将为破解我国小微企业融资抑制带来新的希望。本文将立足于实践,从互联网金融生态的视角来重新构建小微企业融资机制,以形成一套系统性的生态机制。

二、互联网金融背景下小微企业融资现状

(一)小微企业融资困境

小微企业的融资困境由多种原因造成。目前,小微企业的融资问题主要有以下几个。

1.融资缺口较大

根据 2016 年《中国小微企业白皮书》中的数据,在中国有 33% 的小微企业的"综合健康指数"并不能达到标准,这些小微企业主要是处于"亚健康状态"。目前我国小微企业的发展主要面临融资难、行业竞争激烈、利润低,以及税负较重等难题。

调查显示,有六成的小微企业认为行业竞争激烈是让企业难以发展的原因。金融行业专家曾提出,我国的小微企业增长速度快,数目占全国企业总数的九成以上,提供了很多岗位,但是小微企业自身规模小,资金缺口大,行业竞争能力弱,在市场中还有很多问题需要解决,这不仅需要小微企业自身的努力,也需要依靠金融机构和政府的帮助。《中国小微企业白皮书》显示,我国有五成以上的小微企业缺少资金,缺口金额高达 22 亿元。

2.融资成本较高

小微企业的融资成本比较高,主要有利率高还有手续费高等原因。首先,融资利率较高。银行贷款利率比较高,且贷款可获得性不高,民间借款的年利率也很高,且覆盖面较窄,短期应急贷款利率则更高;其次,银行等金融机构对于小微企业的借贷要求有相应手续和一定抵押品,增加了小微企业融资的成本。

有很多小微企业在到银行这些金融机构融资时被拒绝,约有超过六成的小

微企业在贷款时需要面临较高的贷款利率。所以,主要的融资渠道就是小额贷款公司借贷和民间借贷,这些渠道的优势就是比银行贷款更加容易获得一点,但是贷款利率比较高。融资成本高是小微企业难以进行融资的一个重要原因,融资成本主要包括:①贷款利息(含基本利息和浮动部分);②抵押物品登记评估费用,一般占融资成本的20%;③担保费用,年费率为3%左右;④风险保证金利息。其中,贷款利息和抵押物品登记评估费用是小微企业压力最大的两部分,是小微企业贷款成本高的重要原因。

3.融资渠道狭窄

现有的内源性与外源性融资方式虽然很多,但由于小微企业自身的特点以及对融资方式的特殊需求,小微企业可获得的内外部融资有限,对于企业的发展来说还是不够。

我国国内的产业结构在调整,小微企业的融资也会有一定的改变,需求产生了变化。企业的调查数据显示,除了一直以来较为关注的融资成本和贷款利率之外,企业开始关注是否能够得到稳定的长期贷款。小微企业的发展不仅受自身的影响,还受国内经济的影响,根据调查,20%的企业表示还款压力较大。

在融资过程中,浙江省约有40%的小微企业借款成功,而且多是向朋友亲戚借款。如图1、图2所示。

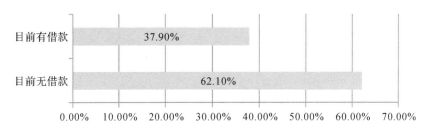

图 1　小微企业现有借款状况

数据来源:2017年《浙江统计年鉴》。

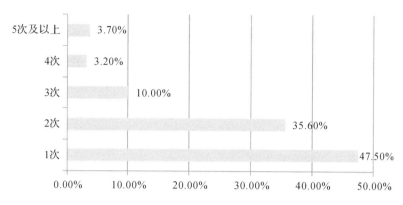

图 2　小微企业最近一年的借款次数

数据来源：2017 年《浙江统计年鉴》。

　　根据 2017 年《浙江统计年鉴》，近 40％的小微企业主要依靠亲戚好友的借款来进行融资。因为对于微型企业而言，大多数成立时间不久，利用自有资金进行运营，并没有借款的记录，所以没有历史信用记录，基本不可能从银行等金融机构得到融资，只有通过民间借贷来实现。如图 3 所示。

图 3　向亲戚好友借款的微型、小型企业比例

数据来源：2017 年《浙江统计年鉴》。

　　相关调查数据显示，相比经营期限不到一年、总资产低于 100 万元的微型企业而言，经营年限在 1 年至 3 年内、总资产在 100 万元至 300 万元之间的小型企业，其融资满意度更低。如图 4、图 5 所示。

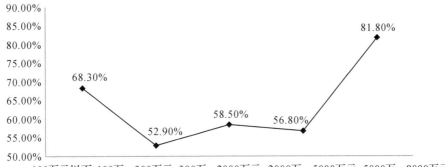

图 4　不同资产规模的小微企业对融资需求满足状况的评价

数据来源:2017 年《浙江统计年鉴》。

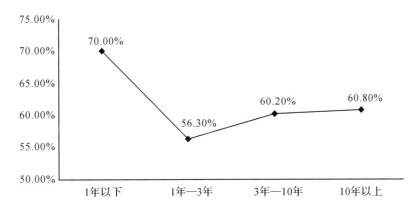

图 5　不同经营期限的小微企业对融资需求满足情况的评价

数据来源:2017 年《浙江统计年鉴》。

图 4、图 5 显示的结果基本反映了当前小微企业融资的现状。对于刚成立不久、规模比较小、资金缺口也小的微型企业来说,企业老板可以通过家庭成员或者好友的借贷行为来解决企业的融资问题,由于资金量较少,相对容易实现。但是对于已经进入市场发展了一段时间的企业来说,其资金需求量的变大使得通过朋友亲戚借款和信用卡透支等方式已经无法满足其自身需要,只能寻求金融机构借款。虽然政府及相关金融监管部门已经从政策法规、财税优惠等多方面给予小微企业融资支持,银行业也逐步开始将小微金融作为战略转型的发展方向,但是目前,对于经营期限 1—3 年的企业,金融机构提供的服务还不能满足这些企业的资金需求。

三、互联网金融给小微企业融资带来的影响

(一)积极影响

1.在融资方式上的影响

互联网金融的发展使小微企业融资渠道单一狭窄的现状得到改变。互联网金融融资,主要是将互联网作为一个平台,通过平台让小微企业向金融机构进行借贷。和传统的融资方法相比,互联网的融资效率比较高,手续简便,成本低。而且异地融资和不同时刻的融资也可以进行,为小微企业融资提供了方便。同时,互联网金融还有一个好处就是可以通过大数据,对小微企业进行分析,主要是对外部信息和内部信息进行分析,评估信用等级和偿债能力,从而降低风险,提高风险的可控性。大数据分析企业征信的过程如图6所示。

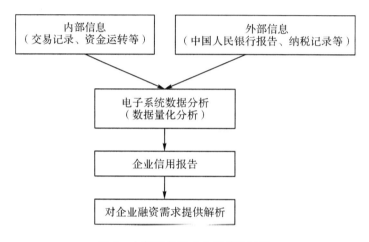

图6 大数据分析企业征信的过程

2.在金融服务方面的影响

互联网金融的发展具有时效性强、信息多而广、成本低等优点。由于互联网金融24小时在线的特性,小微企业可以随时随地进行交易,极大地降低了交易成本。同时,小微企业在大多数情况下所需的资金额度较小,互联网金融对于小额度的金融服务,效率更高。由于在互联网平台上很容易查找小微企业的经营状况、交易信息、信用等级等,因此互联网金融能在成本很低的情况下较快速地掌握小微企业的融资需求。而小微企业可以在交易中快速获得资金,从而支撑企业的发展。

3.在传统金融与互联网融合方面

首先,互联网能够为金融企业收集客户信息,进行数据分析,便于金融企业

更好地匹配客户,降低运营成本,提升服务质量,加强风险管控;其次,金融机构利用金融企业产品丰富、分支机构多、消费者认知度高等优势与互联网企业合作,可以提高其跨领域经营的能力,发展数字金融。

（二）消极影响

1.在资金安全性方面的影响

互联网金融的融资是在线上进行的,与面对面进行交易的传统金融模式相比有一定的虚拟性。小微企业对融资平台的产品了解不全面,在向服务人员咨询时,往往会由于双方互不了解而出现误解,对资讯的信任度也会下降。由于互联网金融信息传递速度快,一些信誉较差的小微企业处于劣势,投资者不愿意承担风险而将资金投放给它们。

2.在信用信息管理方面的影响

我国的小微企业占据了注册企业总数的九成,而且企业的更新换代速度也比较快,因此现阶段我国互联网金融没有建立统一的信息数据库,小微企业的信用行为也没有和我国央行的征信系统互联,企业的信息需要企业自己提供,导致借贷双方在融资交易过程中,无法获取真实有效的信息,投资者或者银行等金融机构因为信用信息的问题并不愿意为小微企业融资,这成为交易过程中的阻碍。

3.在金融监管方面的影响

我国对于金融方面的监管还停留在传统的金融服务业,对于互联网的监管不太完善,因此互联网金融还存在着监管不足的现象。互联网金融风险百变多样,最突出的就是操作风险和科技风险,具有发生突然、传播速度快、破坏性强和交叉感染性强等特点。不仅如此,这些风险往往还会通过互联网被放大和扩散,这就给金融监管提出了挑战。

四、互联网金融背景下小微企业融资生态体系构建

（一）互联网金融生态体系概念及构建

1.互联网金融生态体系概念

互联网金融生态体系主要由生态主体、生态模式和生态环境三部分组成。互联网金融的生态主体主要包括互联网金融企业和传统金融机构;互联网金融生态模式就是互联网金融的运行模式,是生态主体与生态主体、生态主体与生态环境间的运行,这个生态系统是互联网金融发展的根本;互联网金融环境是保证互联网金融生态模式正常运行的外部条件,包括法律法规、金融监管和信用体系。互联网金融生态体系具体如图7所示。

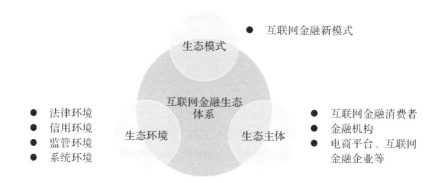

图 7　互联网金融生态体系

2.互联网金融生态体系特征

(1)互联网金融生态主体竞合共生。

①相互竞争。互联网金融作为一个全新的金融行业,在交易成本、便捷程度等方面胜于传统金融,降低了投资门槛,丰富了金融投资工具。一方面,互联网金融和传统金融进行竞争,通过对传统金融漏洞的弥补,使金融产品更加全面和有创新性。互联网金融的产品多,而且有着不受时间和空间限制的优点,这使得金融投资者和消费者更青睐互联网金融,传统金融的投资率和使用率因此降低。尤其当互联网金融提供收益更高、服务更便捷的金融产品时,金融投资者和消费者将更倾向于使用互联网金融。另一方面,互联网金融企业不仅有与传统金融机构的竞争,还有与互联网平台的其他企业的竞争。互联网金融出现后,借贷平台看到了商机,从而推出众筹、第三方支付等,这些细分领域出现了大量同质化的平台,同业竞争日益激烈。

②融合共生。一方面,传统金融对互联网金融比较看好,从而使两种形式融合发展。互联网金融在日益发展中,效益更加明显,传统金融也跟随互联网的脚步,各个生态主体有融合趋势,主要表现在传统金融与互联网金融进行一些融合合作等方面。因为互联网金融生态主体类型的多样化,其功能可以互相弥补,从而使生态系统更完善。另一方面,互联网金融的各个类型相互竞争,使部分运作存在漏洞的企业出局,优胜劣汰的生存法则在一定程度上抑制了互联网金融的野蛮生长,相互竞争的情况可以在一定程度上促进互联网企业的发展,也可以在竞争的过程中规范行业的发展。

(2)互联网金融生态主体与环境相互作用。

①互联网金融环境对主体的作用。互联网金融生态环境包括法治环境、监

管环境、信用环境及系统环境,前两者主要起到规范互联网金融业务开展、维护消费者权益、促进生态系统健康发展的作用。随着法治建设逐步推进、监管机制逐步健全,互联网金融的系统也在慢慢进步,更加规范,优质平台将做大做强,劣势平台将逐步被淘汰。通过信用环境可以反映出互联网金融生态系统的健全程度。一个良好的信用环境对于互联网金融的发展有着正向的作用,能够降低企业融资的风险。我国征信体系主要包括中国人民银行主导的金融信息基础数据库、社会征信机构以及信用评级机构。互联网金融可以通过这些机构来进行一些信息的弥补,帮助降低市场风险。系统环境是互联网金融存在的技术基础,也是使普惠金融理念得以切实贯彻的重要技术条件。信息技术不断升级为互联网金融平台弥补技术漏洞,维护资金和信息安全,降低风险产生的可能性。现如今,我国的互联网金融的生态环境在不断优化,互联网金融生态主体将向更加健康的方向发展。

②互联网金融主体对环境的作用。互联网金融发展在很大程度上促进了传统金融行业转型,实质性地改造了金融市场环境,使得金融机构销售、推广渠道得以拓展,资源利用效率得以提升,信息整合更加便捷有效。互联网金融创新速度较快,但是互联网生态环境建设并未及时跟上创新的发展,法治建设、监管体系的预见性不足,往往只能起到后期维护、纠正作用。政策、法规的出台或实施往往以现实发展状况为基础,互联网金融生态主体的发展困境是推动生态环境优化的动力。总体而言,互联网金融生态主体与环境之间相互影响,主体活动促进外部环境更新,外部环境更新进一步影响主体发展。

(二)互联网金融背景下小微企业融资生态体系构建

融资生态主体、融资生态环境和融资生态模式构成了基于互联网金融的小微企业融资生态体系,三者之间彼此相互依存、相互作用,不断共生发展,从而形成了相对完善的互联网金融生态体系。

1.生态主体构建

在互联网金融生态体系下,小微企业生态机制中的生态主体包括:小微企业、互联网金融企业、传统金融机构以及其他机构。随着不断演进,互联网金融生态体系呈现各个主体竞合共生且生态主体不断丰富的特征。

当前生态主体存在的缺陷主要有:资金供给侧主体资质不高、市场深度广度不够。例如,互联网金融行业的企业有很多重叠的部分,数量增长并未提升自身创新能力,另外,互联网金融行业的企业质量参差不齐,甚至存在恶意诈骗平台,行业在满足小微企业日益增长的个性化融资需求方面依旧存在提升的空间;同样需求侧的小微企业也存在诸多不足,在此不再赘述。

2.生态模式构建

随着互联网金融的发展,创新的小微企业融资模式不仅在一定程度上弥补了原先金融服务体系的不足,还大大推动了传统金融与非金融机构业务的创新。互联网金融是一种新的金融行业,处于全新的金融生态体系。互联网金融背景下的小微企业的融资模式主要有以下类型。

(1)点对点融资模式。

点对点融资模式就是将民间的小额资金通过平台集聚起来借给企业。其融资模式是借助互联网平台提供相关理财和金融借贷服务。其优点在于交易成本低且风险可控,可以增强小微企业和贷款方的信息对称性。小微企业采用这种模式进行融资时能选择利己的贷款产品,降低交易成本,而贷款方可以通过合作出借融资资金来降低风险。点对点融资模式如图8所示。

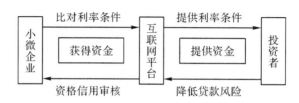

图 8   点对点融资模式

点对点融资模式降低了借贷双方的交易成本,提高了风险防控能力,打破了传统信贷模式中存在于贷款人与借款人之间的接触壁垒,借贷双方主要依靠第三方的互联网平台进行交易。这有利于借贷双方的对接,使他们的交易效率更高。

(2)基于大数据的小额贷款融资模式。

基于大数据的小额贷款融资模式就是一些大数据技术较为完善的小额贷款公司通过提供资金满足小微企业的融资需求。这种模式主要服务小微企业,小微企业之所以选择它,主要是因为小额贷款公司融资门槛较低、资金周转快、贷款灵活等,小微企业申请及获得贷款的过程均可实现系统化、网络化。基于大数据的小额贷款融资模式如图9所示。

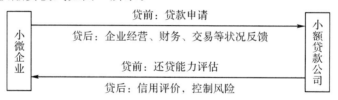

图 9   基于大数据的小额贷款融资模式

通过调查 2016 年阿里巴巴公布的全年数据,可以看出蚂蚁金服体系内的放款主体是网商银行,其小微企业客户超过了 80 万家。阿里巴巴的业务不仅面向电商平台的小微企业,还扩大到了平台之外的小微企业。另外,京东也对小微企业的融资做出了贡献。京东的小微企业客户超过 10 万家,其基于大数据技术开发了动产融资产品,这就让小微企业有了更多的担保资产。

基于大数据的小额贷款融资模式的优点是融资门槛较低、资金周转快、贷款灵活等,小微企业申请和获得贷款的过程需要更加系统化、网络化。该模式存在的不足主要是贷款公司大多不具备吸储功能,从而导致融资规模受到压制。另外小微企业有可能采用数据欺诈的方式达到骗贷目的。

(3)众筹融资模式。

在众筹融资模式中,小微企业主要是通过向公众发布一系列的信息,从而让投资者通过小资本的投资方法,以合资自助或预购的形式向社会公众募集资金。具体模式如图 10 所示。

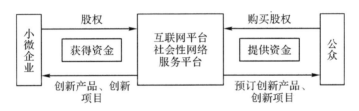

图 10　众筹融资模式

综观我国的众筹模式,主要有三种:回报类众筹、公益类众筹和股权类众筹。根据 2017 年 6 月底的众筹数据,我国互联网众筹平台数量总共有 404 家,股权或收益权众筹平台有 175 家,产品或物权众筹平台有 189 家。这些股权类平台的融资资金总计为 55000 万元,其中 2017 年 5 月融资金额为 19800 万元,创单月最高纪录,股权类平台融资金额一直在上涨,预测未来也是上涨的趋势。

众筹融资模式的不足:投资者的羊群效应容易导致其决策错误;众筹融资的开放性不利于小微企业对金融创新和产品创新的保护;另外众筹的性质容易触及法律红线。

(4)互联网金融门户融资模式。

互联网金融门户融资模式就是小微企业通过平台的功能寻找信贷产品,主要是通过"搜索"和"比价"等方式,比较不同的金融机构的信贷产品,再通过互联网金融平台,进行咨询,由线上金融机构向小微企业提供更加全面的融资服务。互联网金融门户融资模式如图 11 所示。

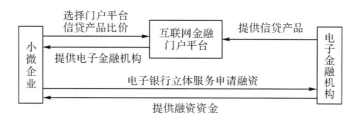

图 11　互联网金融门户融资模式

通过对"融 360"网站数据的调查,可以了解到和"融 360"合作的金融机构有 2000 余家,消费端有 4300 万家中小企业,3000 万个体经营者以及 2 亿目标消费者,投资端主要是小额借贷公司、担保公司等各类金融机构和银行。

该模式的优点在于:通过大数据的技术,平台可以缓解融资信息不对称的问题,还可以为小微企业寻觅到合适的金融产品节约更多的时间。主要的不足是我国消费者还不太习惯比价搜索。培养消费者的消费习惯需要一个过程。

3.生态环境构建

一个合适的生态环境十分有利于小微企业的融资。第一,在法律环境层面,虽然我国对小微企业的融资环境进行了一定的法律方面的规定,想对环境进行改善,然而相关法律法规尚不成体系,且没有对互联网金融生态环境做专门的法律规定,仅有部分位阶不高的部门规章、行业规则,政府需要尽快完善有关互联网金融、小微企业融资的法律法规,而且还需要进行金融监管体系的完善。第二,信用环境层面:当前小微企业信用担保体系不健全,缺乏一套完整的小微企业征信体系,信用环境需要在信用评价体系、信用担保体系等方面逐步完善。同时行业应当不断完善自律体系,对行业中的企业构建自律惩戒机制,提高行业标准。

基于互联网金融生态视角的小微企业融资生态机制如图 12 所示。

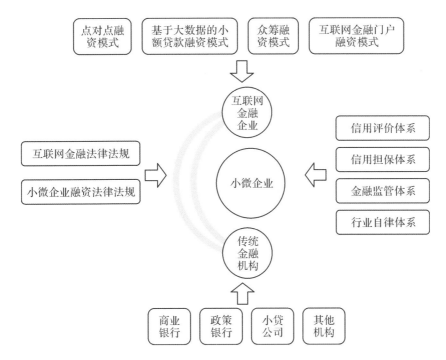

图 12　基于互联网金融生态视角的小微企业融资生态机制

五、优化小微企业金融生态体系的对策

（一）建立互联网金融生态体系

1.针对地域性特征建立金融体系

主要是依据地域性特征,建立以大型银行为主体的多层次、相互竞争的金融体系。小微企业的经营情况是建立生态型融资体系的依据,要做到程序可以简化、成本可以降低、条件可以控制、风险可以调控、利率可以浮动、责任可以分明。

2.提升小微企业金融服务质量

一方面,为了进一步解决现阶段银行审批程序复杂、审批时间长的问题,可以将小微企业的授信环节合并起来进行。例如,前期授信检查和当期授信调查同步进行,营销和授信预调查同步进行,信用评估、授信额度的核定合并进行,等等。另一方面,针对小微企业的金融服务不是仅仅为了解决融资的问题,还有很多其他的金融业务,包括贴现、信用证、票据承兑等综合服务。所以,需要了解小微企业的经营规律和风险因素,将小微企业进行分类,以提高贷款的针对性,优化客户基础。

3.建立发展基金渠道

小微企业的资金是很重要的部分。要建立稳定的基金渠道,多渠道壮大中小微企业发展基金和专项资金规模。第一种主要是对小微企业的发展有着长期且稳定贡献的资金渠道。第二种主要是通过财政支持和其他方式募集资金。基金的来源可以是阳光私募、集合信托等。

(二)优化互联网金融生态主体

1.促进互联网金融主体健康发展

一方面,提高风控能力。互联网金融可以通过大数据、云计算技术建立一系列的监控系统,主要是评价系统、风控系统、预测系统,从而控制互联网业务流程的风险。互联网金融平台的安全性也需要加强,对于安全的监控需要完善,弥补网页的漏洞,降低技术风险。另一方面,创新金融产品和服务模式。开展业务创新,就是在了解市场需求的条件下,通过对客户的分析,进行客户偏好数据的收集,从而进行产品和服务的创新,注重与客户的沟通交流。同时开展精细化营销。依托大数据了解客户需求与投资偏好,进行精确营销,在降低营销成本的同时使营销更具针对性。

2.促进互联网金融主体融合发展

一是融合不同互联网金融业态模式。主要是通过三方合作,这三方可以是互联网金融机构、互联网征信机构和第三方支付平台,在扩展业务量的同时降低运营风险。二是融合传统金融与互联网金融。传统的金融机构应该抓住互联网金融的机遇,积极进行相关的创新活动,与互联网金融企业合作,通过线上线下整合、客户信息共享、资金共享、产品创新等方式合作,实现跨领域、跨行业资源共享。

(三)优化互联网金融生态环境

1.完善互联网金融法律法规体系

第一,从消费者的角度来说,在互联网金融中需要维护消费者的权益,需要制定法律法规,细化完善互联网金融消费者权益保护法,保护互联网金融消费者的信息安全、账户安全、资金安全和一系列的权益等。第二是从法律法规层面加强对互联网金融的激励及规范力度,在当前互联网金融行业运营规范性不足的情况下,通过奖惩措施,对违规的小微企业进行处罚,从而控制互联网金融风险。

2.健全互联网金融监管体系

设立专门的互联网金融监管协调组织,促进有关监管部门各司其职,共同努力,使互联网金融监管效率更高。充分发挥中国互联网金融协会的行业自律作用,以行业自律辅助金融监管,形成以行业自律为基础、以专业监管为核心的互联网金融监管模式。

3.完善互联网金融征信体系

需要建设完善的互联网征信系统,提高小微企业对信用的重视,使市场的信用范围得以延伸。完善失信惩罚机制,企业如果有失信的行为,就需要加大处罚力度,从而减少企业失信。针对征信行业信息共享不足的现状,充分发挥中国人民银行在征信管理中的主导作用,制定互联网征信业标准,明确信息公开内容与范围,建立信息共享机制。

【参考文献】

[1]任子君.互联网金融生态系统发展概述[J].中国市场,2016(37):109-110.

[2]林杰.互联网金融对我国小微企业融资的影响分析[J].商场现代化,2016(23):247-248.

[3]李琨.互联网金融对小微企业融资的作用探析[J].时代金融,2016(11):121,128.

[4]马瑞云.互联网金融背景下小微企业融资难对策分析[J].河北金融,2016(4):31-33,51.

[5]李敏.互联网金融对金融生态体系的影响与对策研究[J].上海金融,2015(12):48-51.

[6]谢平,邹传伟.互联网金融模式研究[J].金融研究,2012(12):11-22.

[7]汪渝.互联网金融对小微企业金融服务的影响研究[J].企业研究,2013(22):147-148.

[8]陆岷峰,史丽霞.互联网金融背景下金融生态特征与创新重点选择[J].天水行政学院学报,2015(6):82-87.

[9]陆岷峰,沈黎怡.互联网金融生态系统:运行机制、缺陷与优化[J].南方金融,2017(1):98-103.

中篇

小微企业与普惠金融发展

小微企业融资模式创新机制研究[①]
——基于"台州模式"的调研及思考

潘锡泉[②]

内容摘要：金融机构与小微企业之间的信息不对称及小微企业自身特点决定了融资难、融资贵问题已成为制约当前小微企业生存和发展的枷锁。本课题在台州市小微企业融资及改革创新实践调研的基础上，从金融服务信用信息共享模式的融合及信用保证基金担保模式重构视角，分析了"台州模式"在缓解金融机构与小微企业之间信息不对称，以及破解小微企业融资难、融资贵方面的特色与成效，并从如何确保金融服务信用信息获取的及时性与平台运行的可持续性及其风险防范，以及信用保证基金增长的可持续性和防范金融机构道德风险角度提出了进一步的思考。研究认为，这需要政府与金融机构进行协调与合作，共同推进"台州模式"在支持小微企业发展上做出更积极的贡献，同时为其他地方解决小微企业融资难、融资贵问题提供一些借鉴。

关键词：小微企业　信保基金　金融服务信用信息共享平台　台州模式

一、引言

小微企业在创造就业机会、实现灵活就业、推进产品创新等方面具有不可比拟的作用，往往是一国创新驱动发展的活力源泉，是确保社会稳定战略的重要组成部分，所以很多国家在融资方式、相关政策、制度创新上积极鼓励和支持小微企业的发展。我国亦是如此。无论是国务院所提出的支持小微企业发展，着力

---

①　浙江省金融教育基金会 2016 年度资助课题（项目编号：2016Y14）。项目负责人：潘锡泉；课题组成员：潘锡泉，周锋，赵国忻。

②　作者简介：潘锡泉，男，（1985—　），浙江金融职业学院科研处副处长，副教授，主要研究方向：金融理论与政策、地方金融。

推进小微企业改革创新实验区等具有前瞻性的项目建设,还是2014年国务院发布的《关于扶持小型微型企业健康发展的意见》,无不体现出政府在小微企业税收优惠、资金扶持、融资担保、小微企业信息公共服务平台建设等方面所给予的政策倾斜与支持。对小微企业发展最集中、市场最活跃、最具特色的浙江省而言,这种作用和支持力度对促进小微企业的发展显得更为突出。在国家政策的指引下,浙江省委、省政府和金融机构积极谋划,开拓创新,在融资模式、融资渠道、抵押担保等方面进行了创新尝试,为小微企业解决融资难、融资贵(抵押担保难、信息不对称)等提供了助力。比较典型的如,泰隆银行在原有"三表、三品"小微贷款实践模式的基础上,创造性地推出了"道义贷款",为那些讲信用、善经营的小微企业开辟了新的融资渠道,让它们可以享受到无担保或弱担保的金融服务,真可谓将增信服务做到了极致,将普惠金融发挥到了一定的境界。中国民生银行杭州分行通过设立小微合作社和互助合作基金的模式,让小微企业抱团融资。种种模式的创新及实践,对缓解浙江省小微企业融资难、融资贵问题起到了一定的积极作用。

但是,关于小微企业融资难、融资贵的问题却并没有从根本上寻找到合适的解决路径,尤其是受2011年快速蔓延开来的中小企业联保互保信贷危机的影响,小微企业之间捆绑式联保互保信贷危机产生了严重的多米诺骨牌效应,呈现出明显的顺周期特性,究其根源,主要还是由于小微企业缺乏有效的抵押物和担保。国外的研究和实践表明,政府财政扶持的非营利性信用保证基金及政府金融服务信用信息共享平台模式能够有效应对经济波动,是一种非常好的应对经济波动和解决信息不对称的反周期政策工具。而作为浙江省小微企业比较集中的台州,正好契合国家小微企业改革创新试点时机,在政府金融服务信用信息共享平台(模式融合)及信用保证基金担保模式重构方面进行了尝试与实践,取得了一定的成效。

据此,本课题的目的是基于对台州市小微企业融资难及改革试验的调研,从政府金融服务信用信息共享平台(模式融合)角度来探索缓解金融机构与小微企业之间的信息不对称问题的方式,以及从信用保证基金担保模式重构角度对小微企业融资难的担保模式创新及取得的成效展开探讨,并进一步基于"台州模式"提出一些值得思考的问题,期望能够给其他地方解决小微企业融资难、融资贵问题提供一些思考与借鉴。

二、原因分析：小微企业自身特点决定了融资难、融资贵成为制约小微企业生存的枷锁

资金需求的"短、小、频、急"以及缺乏有效抵押物和高信用担保是小微企业融资的基本特点。从银行角度来看，一个头痛的问题是，小微企业缺乏有效抵押物和高信用担保，使得银行无法有效地评估小微企业的信用状况，那些即使存在足够资金流动性的银行，也不愿意将授信给予小微企业，这就导致了银行原有的授信方式难以满足小微企业发展的需求。从小微企业自身来看，即使存在能够获取传统金融机构贷款的小微企业，其融资成本也往往高于大企业 50% 左右，这在无形中增加了小微企业的负担，使得融资难问题一直以来没有得到有效解决，成为制约我国小微企业可持续发展的瓶颈。

更进一步的是，随着我国经济转型的迫在眉睫，在经济增长方式转型、经济增长由高速步入中高速，甚至中速的背景下，我国小微企业的业务经营能力、盈利能力均出现了不同程度的负担，这就需要更多外部资金的注入，使得小微企业融资需求变得越发激烈。实践证明，一国小微企业兴则实体经济活，小微企业强则实体经济盛。在需求缺口较大的背景下，尽管央行多次降准降息，释放了较多的流动性，但是基于小微企业自身的特点，以及信息不对称性等多种因素的影响，金融机构仍然不愿意给小微企业授信。

有学者提出，作为我国小微企业"融资难"有效补充的非正规金融途径（譬如民间借贷），可以让小微企业通过外部融资来解决资金周转问题，缓解小微企业融资难的问题（暂且不考虑小微企业融资贵的问题），但由于受到诸多法律法规的监管，加之这种非正规金融途径面临巨大的搜寻成本、合同成本和议价成本等因素（融资贵）的困扰，其融资成本远远高于传统正规金融渠道（约为银行正常贷款水平的 4 倍左右），这让众多本身盈利能力并不丰厚的小微企业望而却步，继而转向寻求能够提供高信用的担保方式，向传统金融机构获取贷款，而传统金融机构也期望通过高信用的担保方式降低信息不对称，减小授信风险，继而实现对小微企业的授信。

所以，笔者认为，小微企业缺乏有效抵押物和高信用担保，以及金融机构与小微企业之间的信息不对称导致的银行惜贷，使得融资难、融资贵成了制约小微企业生存的枷锁。

三、融合与重构：小微企业融资模式的创新——台州模式的实践

针对小微企业缺乏有效抵押物和高信用担保的特点，以及金融机构与小微企业之间的信息不对称导致的惜贷现象,台州市委、市政府、金融办及中国人民银行等机构基于金融服务信用信息共享及高质量信用担保模式展开了创新尝试,取得了较为显著的效果。

(一)基于金融服务信用信息共享的融合模式

1.金融服务信用信息共享模式

信息不对称是金融机构不愿给小微企业授信的核心要素,解决信息不对称最有效的方式是让金融机构能够获取小微企业真实、客观的信息。为解决这一问题,台州市委、市政府、金融办及中国人民银行等机构借助大数据平台,对各种金融服务信息进行整合,联手建立了金融服务信用信息共享平台,金融机构可以通过给定的账号对申请授信的小微企业信息进行全面查询、诊断和分析。该平台涵盖公检法、金融、税务、国土、环保、社保、市场监管、电力等众多部门的信用信息,借助电子政务外网和金融信息网等互联网媒介渠道将这些信息数据进行关联,为政府部门和金融机构提供信息服务。

整个平台由四个功能既相对独立又相互关联的子系统构成,具体包括小微企业基本信息查询系统、综合服务系统、评价与培育系统、风险预警与诊断系统,其独立性体现在每一个子系统都能够提供各自独立的信息查询服务,而关联性主要体现在四个子系统信息之间的互联互通,将"投资、融资、企业法人与企业"有效联通,实现关联信息的自动衔接,为金融机构提供综合信息查询。

(1)基本信息查询系统。基本信息查询系统提供了小微企业的工商登记、变更、财务状况等信息,使金融机构能够针对各小微企业在各个部门的基本信息、变更信息等进行便利的查询,可以帮助金融机构及时掌握小微企业工商登记变更、财务状况、纳税情况等基本信息。

(2)综合服务系统。综合服务系统可以将小微企业在各部门的信息进行有效整合和关联,帮助金融机构判断申请贷款的小微企业是否存在负面信息、是否处于不良企业名录库中等。

(3)评价与培育系统。评价与培育系统可以实现小微企业的自动评分,同时导入第三方评级公司的信用报告供金融机构参考。该系统还建立了政府各部门重点培育的项目,通过创新综合的培育、扶持体系,促进原有小微企业的转型升级,以及为金融机构提供授信给予了导向。

(4)风险预警与诊断系统。该系统具备信用立方、经济分析、诊断预警等功能,实现了投资关联,融资管理,企业法人和企业的关联功能,通过关联可以让金融机构查询企业与企业、企业与股东、股东与股东之间的关联关系,以及银行与企业、担保与被担保、集团内部之间、企业与企业法人①之间的关联关系。

2.金融服务信用信息共享模式的特点

(1)数据的融合。信息不对称是金融机构惜贷、小微企业融资难的根源性问题,而该平台基于金融机构的实际需求,征集了海量的信息,集成了海量的信用信息数据,为金融机构构建了一个大数据查询的接口,节省了金融机构的信息搜寻成本,有效解决了金融机构与小微企业之间的信息不对称问题,可谓是一个有用、有效的金融服务信用信息数据共享平台。

(2)数据的真实性。该平台将十几个部门的信用信息数据通过前端进行了自动整合,确保了数据的真实性、可靠性,以及完整性,规避了传统手段获取数据质量不佳的现象。所以,通过该平台,金融机构能够有效甄别小微企业的信用状况、资产质量,便于做出科学的授信决策。

(3)数据的功能性。对各类数据的融合,便于形成有效的数据集,建立小微企业信用信息立方体,构建小微企业信用信息库。该库包含各个小微企业的正负面信息、不良小微企业信息、小微企业风险评价报告,以及政府针对某些行业小微企业的培育支持情况等,依托平台强大的数据整合手段,形成有机的整体,实现数据的功能性,为金融机构筛选客户、降低审贷成本、帮助进行风险分析提供了有效的支持。

(二)基于信用保证基金的担保模式重构

信用保证基金在中国台湾早已被提出并应用于实践,其目的是解决中国台湾地区由中小企业信用信息数据缺失、抵押担保品不足、融资渠道狭窄等因素引起的融资难问题(章和杰等,2012),核心思想是"当借款人违约时由信用保证基金运行中心承诺支付全部或部分贷款给贷款人"。综观全球,信用保证基金模式也被许多国家作为减轻中小企业融资限制的新兴渠道而广泛使用。大量研究也表明,信保基金模式相较于其他担保品抵押模式具有更好的优势,能够有效地改变市场失灵现象,起到规避信息不对称的作用和规避逆向选择问题的产生的作用,因此也被认为是一种市场友好型的解决小微企业融资难的工具(Deelen 等,2004)。为了破解小微企业担保难,化解小微企业互保风险,扶持小微企业发展,支持实体经济转型升级,2012 年底,浙江省批准了台州小微企业金融服务改革创新试验区,成立了台州市小微企业信用保证基金,为符合保证条件的小微企业

---

① 基于台州小微企业法人家庭财产与企业无法分割、法人常常将以个人名义筹集的贷款投入企业运行的特点,将企业与企业法人之间的关系进行了关联。

提供信用保证,构建了涵盖三方主体(小微企业、金融机构、信用保证基金)的立体化信用保证体系。

1.基于信用保证基金的担保模式——台州模式

台州小微企业信用保证基金由政府出资,金融机构及其他组织捐资设立,主要为小微企业融资提供信用担保。信保基金设立之初政府出资 4 亿元,市、区两级金融机构自愿捐资 1 亿元,出资比例分别为 80% 和 20%,相应的政府和金融机构风险承担比例也为 8∶2,首期出资合作的主要为台州银行、浙江泰隆商业银行、浙江民泰商业银行、椒江农村商业银行、黄岩农村商业银行、路桥农村商业银行和浙商银行 7 家金融机构,其保证模式包括间接保证和直接保证[①](其担保模式流程如图 1 和图 2 所示),以间接保证为主,担保费率控制在年化 1% 左右[②]。

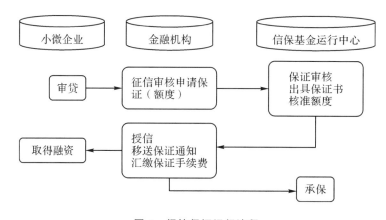

图 1 间接保证运行流程

资料来源:由台州信保基金运行中心提供。

---

① 间接保证是指贷款金融机构协助借款人向信保基金运行中心申请基金担保,运行中心审核同意担保后,金融机构发放贷款;直接保证是指由小微企业向信保基金运行中心申请,运行中心审核同意后,借款人持运行中心承诺书向贷款金融机构提出贷款申请,贷款银行审核同意后发放贷款。

② 当经济环境变化时,可调整费率。如 2015 年的信用保证基金费率为 0.75%。

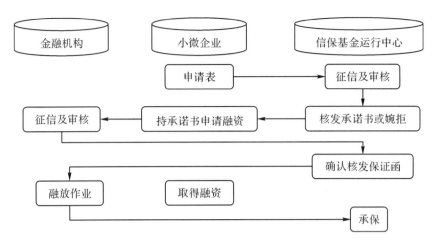

图 2　直接保证运行流程

资料来源：由台州信保基金运行中心提供。

2.基于信用保证基金担保模式的特点

在对这种基于信用保证基金担保的"台州模式"特点进行分析之前,我们首先将其与传统的担保公司模式进行比较(如表 1 所示),以便更好地展现信保基金担保模式的特点。

表 1　传统担保模式与信保基金担保模式的比较

比较对象	传统担保模式	信保基金担保模式
目的	盈利最大化	非营利性,分担银行风险,支持小微企业发展,实现社会效益最大化
担保方式	以直接担保为主	以间接担保为主
担保条件	需缴保证金,提供抵押品或第三方做反担保	不需要保证金、不需要第三方提供反担保
费用收取	担保费率一般为年化 2%—3%,一般使用期限未到,不退取	担保费率一般在年化 1%以内,根据经济情况可下调,按使用期限可以退保费
风险承担	担保公司承担 100%	风险共担,信保基金承担 80%,银行承担 20%
风险控制	每一笔业务都进行风险控制	控制银行总体风险
可利用资源	靠担保公司自身人员配置	利用银行资源和技术
与银行关系	大部分依托于银行	政府信用支持,与银行是平等合作关系

续　表

比较对象	传统担保模式	信保基金担保模式
面临竞争	新型金融业态	非营利性,提供公共服务,不存在竞争
经营策略	经济不景气时收缩规模	经济不景气时进行反周期操作,降低保费,增加担保成数,降低银行风险

根据表1,我们可以发现,相比于传统担保模式,基于信用保证基金的担保模式具有显著的特点。

(1)政府资助,政策引导。该模式充分发挥了政府作为小微企业信用保证基金的主发起者的引领作用,充分利用政策引导作用,倡导和组织金融机构、小微企业加强融资风险共担体系的建设。

(2)非营利性。该模式以实现社会效益最大化为目标,是一种非营利性的组织机构,具备准公共产品属性,帮助银行分担风险,支持小微企业的发展。

(3)市场化运作。该模式以市场为导向,发挥市场配置资源的决定性作用,充分利用金融机构的信贷资源优势,借助于信保基金的中介渠道,起到了银行信贷资源向具有融资需求的小微企业进行优化配置的作用,实现银行信贷资源、信保基金和小微企业融资需求三者之间的良性互动。

(4)风险共担。该模式建立了小微企业、信保基金和金融机构三方共担的风险分担机制,其中小微企业是主要的风险承载体,信保基金和金融机构承担部分风险,通过这种多方风险分担机制有效提升小微企业、信保基金和金融机构的风险防范与监管意识。

四、"台州模式"的成效及进一步思考

(一)"台州模式"的成效

台州金融服务信用信息共享模式的融合及信用保证基金担保模式的重构对于台州缓解金融机构与小微企业之间的信息不对称,以及小微企业融资难、融资贵问题有积极的作用。

1.金融服务信用信息共享模式的成效

(1)海量信息降低了金融机构与小微企业之间的信息不对称风险。海量信息的集成,覆盖了台州地区几十万家小微企业(包含个体工商户),实现了小微企业信用信息数据的自动化采集与更新,保证了所采集数据的准确性、完整性和可持续性,缓解了金融机构与小微企业之间的信息不对称问题。

(2)数据融合便利金融机构授信。金融服务信用信息共享模式建立之后,金

融机构可以通过自己的账户迅速进入信用信息数据库,轻轻点击鼠标就可以精确搜寻到需要授信的目标企业客户,详细了解和掌握该企业的历史信用数据和整体信用信息,将其融入金融机构的审贷环节,一方面可以直接迅速地降低金融机构搜寻企业信用信息的成本,另一方面可以较好地解决由企业自己提供信息所产生的信息失真问题,有效地帮助金融机构解决了信用信息获取成本高、采集难与效率低的问题,降低了金融机构的授信风险。另外,对于金融机构,尤其是刚设立的新型金融机构,可以轻松地通过金融服务信用信息共享平台查询到有关小微企业的正负面信息,是否属于政府培育和扶持项目,企业之间是否存在关联关系等,帮助金融机构筛选潜在客户,便利授信。

(3)信息共享有利于引导社会信用体系建设。鉴于平台信息共享的特性,一旦小微企业在任何一个政府部门出现信用污点,该信息即刻就会被传递到信用信息数据库中,被金融机构方便地搜寻到。所以金融服务信用信息的共享可以激励小微企业守信,那些不守信的小微企业将会受到严厉惩处(无法获得金融机构的授信),间接地促进了小微企业信用机制的建设,引导社会信用体系建设。

2.信用保证基金担保模式的成效

(1)小微企业融资成本大幅度下降。该基金的成立有效解决了小微企业初创时期抵押物不足、信用记录不多、难以获取信贷支持的困境。同时,小微企业通过信保基金担保向金融机构获取贷款的优越性得以全面显现,其融资成本最高上浮幅度不会超过同期银行基准利率的60%(这是信保基金对合作银行做出的贷款利率上限规定),这在一定程度上降低了小微企业的融资成本,间接地成为银行之间竞争的一个有力工具,部分合作银行利用这一优势,从其他银行处争取优质客户。

(2)小微企业互保风险得以规避。信保基金成立后,银行和小微企业都开始脱离原来的互保模式,纷纷向由信保基金提供的担保模式转型,即使是一些已经采取了互保模式的小微企业,也开始要求银行在其贷款到期后,转由信保基金提供担保。

(3)小微企业规范化管理水平得到了有效提升。信保基金面对的是小微企业,而非个人。而以往小微企业出于贷款便利考虑,往往采取个人贷款,导致那些小微企业忽视了法人机构财务上的规范化治理。在信保基金成立之后,部分银行开始要求企业主以企业名义申请贷款,实现贷款上的"个转企",引导小微企业重视财务上的规范和企业信用的建设。

(二)"台州模式"的进一步思考

1.基于金融服务信用信息共享模式的进一步思考

(1)如何确保金融服务信用信息获取的及时性和有效性。金融服务信用信息共享的数据主要是基于政府部门提供的信用信息数据,这虽然从客观上保证了金融机构所获信息的真实性,但这些数据的采集却依赖于十几个部门的数据采集效率,只要某些部门的数据更新效率欠佳,就会直接影响到整个平台的共享效率,使得金融机构无法及时地获取数据,进行信用评估,做出有效的授信。另外,据调研,金融服务信用信息共享平台中关于金融机构提供的不良小微企业信息基本采用一月一报的形式,在信用信息的获取上很难保持及时性。

(2)如何确保金融服务信用信息共享模式的可持续性及风险防范的规范性。金融服务信用信息共享平台是台州市委、市政府、金融办和中国人民银行共同合作的产物,其由中国人民银行提供人力物力支持,主要为在台州设立分支机构的银行提供查询服务。但是,该金融服务信用信息共享平台的后续运营与维持,以及风险防范等方面需要人力、物力的投入,包括运行系统的更新①也需要人力、物力的投入,而这块后续的运行与维护并没有纳入政府财政预算。此外,该金融服务信用信息共享平台的安全性也是备受关注的,只要在台州设立分支机构的银行均可以轻松进入该系统查询任何小微企业的相关信息,这可能会使得小微企业的信息(尤其是财务数据等敏感信息)遭到泄露,所以,对如何进行金融服务信用信息共享模式的可持续运营及风险防范仍值得进一步思考。

2.基于信用保证基金担保模式的进一步思考

(1)如何防范金融机构的道德风险。由于信用保证基金担保模式最主要的是采用间接担保模式,由金融机构审核并推荐客户到信保基金中心,关于客户的贷前调查、征信核查等完全由金融机构负责,信保基金运行中心只负责最终的客户信保项目材料的书面审核,并向金融机构(主要为银行)出具"担保函",对客户的实际审查仅仅停留在随机抽查上,所以作为金融机构,首先肯定不会将那些优质的客户推荐给信保基金运行中心,而是将一些信用状况中等或偏差的客户推荐给信保基金运行中心②,寻求政府信保基金的担保,降低自己的授信风险。

---

① 据调研,该金融服务信用信息共享平台系统首期运行时间为5年,建设成本约390万元,其人员主要由中国人民银行台州市中心支行提供。

② 为避免被信保中心审核时拒绝担保,金融机构将劣质企业报送给信保基金寻求担保的概率理论上应该较小,但仍然不能排除这种情况的出现。

（2）如何保障信保基金增长的可持续性。由于信保基金是由政府与金融机构按 8∶2 的比例出资设立并承担相应风险的，其是非营利性的，从某种意义上看属于准公共产品。随着小微企业规模、融资需求的增长，信保基金的规模需求也会随之急剧上升，这就需要政府向信保基金提供持续、稳定的资金，确保可持续性的资金补充，有弹性地调整对信保基金的出资金额，才能确保信保基金的可持续运营。而"台州模式"的信保基金首期主要由政府出资，后续的资金并未完全纳入政府的财政预算，即使是纳入政府的财政预算，政府是否有足够的财力确保信保基金的持续性补充，也即如何有效保障信保基金增长符合小微企业需求增长是值得进一步思考的问题。

总体而言，"台州模式"是基于台州小微企业特点应运而生的产物，在解决金融机构与小微企业之间的信息不对称，服务金融机构和小微企业，倡导政府征信机制建设，重塑社会信用体系，促进信贷投放及缓解小微企业融资难、融资贵方面起到了极大的作用。与此同时，基于金融服务信用信息共享模式融合及信用担保基金担保模式重构的"台州模式"也存在如何确保金融服务信用信息获取的及时性和有效性、可持续性与风险防范规范性，以及信用保证基金增长的可持续性和防范金融机构道德风险等需进一步思考的问题，这就需要政府部门及金融机构进一步地协调与合作，共同推进"台州模式"在支持小微企业健康、可持续发展方面做出积极的贡献。

【参考文献】

[1]单玉丽.台湾中小企业信用保证基金运行机制及其借鉴[J].福建金融,2012(6):4-9.

[2]章和杰,姚姝靓,叶园.两岸金融对中小企业支持的比较探析[J].台湾研究,2012(5):11-16.

[3]戴淑庚,赖静,郭富霞.台湾中小企业信用保证基金研究[J].台湾研究,2010(5):37-42.

[4]张昊昱.我市信保基金助力小微企业[N].台州日报,2015-09-19(1).

小微网商网络信贷行为和效用分析
——以杭州为例①

刘　海②

内容摘要:随着网络时代的来临,越来越多的人依托互联网进行相关小微商务贸易活动。从事此类活动的经营者同传统的中小微企业主一样也面临着贷款难、融资难的困境。通过实地调研杭州区域小微网商信贷渠道,得出通过健全网络数据库、制定完善的法律法规、搭建宽松的信贷环境等途径,小微网商可以采用电商小贷、网络联合担保信贷、网络众筹等方式来有效提高网络信贷的效用。

关键词:小微网商　网络众筹　网商信贷

一、研究小微网商"信贷难、信贷贵"问题的意义

小微企业是我国经济建设的重要组成部分,在社会发展过程中发挥着重要作用,它是经济发展的源泉,是改善民生、缓解就业压力的重要载体。随着互联网的不断快速发展,大量的小微企业从传统的线下企业转型为小微网商,它们的业务范围,也从传统的线下转移到线上。但小微网商和传统的小微企业一样,相对于竞争力较强、规模较大的大型网络企业而言,一方面有相对苛刻的资金链压力,包括来自交货时间、商品价格、商品赊账期等方面的压力;另一方面,在银行贷款困难重重,信贷成本远高于中大型企业。"信贷难、信贷贵"严重制约着小微网商的快速发展。

杭州是中国电子商务之都、中国跨境电子商务之都、全球最大的移动支付之

---

① 浙江省金融教育基金会 2016 年度资助课题(项目编号:2016Y12)。项目负责人:刘海;课题组成员:陈月波、张颖、邱勋、马天有。

② 作者简介:刘海,男,(1977—),浙江金融职业学院工商管理学院副教授,主要研究方向:电子商务、网络营销。

城,大量小微网商齐聚杭城。据不完全统计,全国三分之一的小微网商都在杭州这个城市。2020年杭州的城市发展也是以"美丽中国先行区"为目标,大力发展相关行业,着力成为国际电子商务中心、全球文化创意中心、区域性金融服务中心。所以以国内一流、全球知名的电子商务高度发展的城市杭州作为调研的立足点来研究网商信贷行为和效用具有典型的意义,其具体表现在以下几方面。

第一,调研在杭网商实际融资渠道有哪些,融资过程中遇到的问题哪些是有解的,哪些是无解的,其需要相关政府机构提供哪些行政方面的支持,或一些大型网企在其力所能及的范围内能够给小微网商提供哪些帮助。

第二,调研较为热门的网商信贷模式是否能够缓解小微网商融资困难。调研电商渠道融资在对国内金融体系的完善和推动电子商务发展方面是否还有新的增长点和新的发力点。网商信贷在对现有金融体系做重要补充的基础上,可否为广大网商提供一个更加便利快捷且灵活的新的融资渠道。

第三,调研现有的诸如网络小额贷款公司贷款、网商信贷、网络股权众筹等融资方式。尤其是那些综合利用网络数据库进行大数据分析,通过判断各类会员在平台上的网络活跃度、真实交易情况、真实在途资金、网络信用评价体系等,向部分短期缺乏资金的小微网商提供信用贷款服务的信贷模式。这种信贷模式一方面能够真实地满足部分网商实际需求,另一方面可以监督贷款资金流的去向,促进解决贷款难问题。

二、小微网商网络信贷满足度的基本态势

（一）杭州是中国电子商务集群发展的重要区域

杭州是中国电子商务之都、中国跨境电子商务之都、全球最大的移动支付之城。其具备了浓郁的网商创业氛围,已成为国际知名、国内领先的全国电子商务专业网站集聚中心、全国网商集聚中心。集聚了全国1/3以上的综合性电子商务网站和各类专业网站。2016年,杭州完成生产总值11050.49亿元,按可比价格计算,同比增加9.5%,增速高于全国2.8个百分点,高于全省2.0个百分点,其中电子商务的营收起到了举足轻重的作用,为杭州GDP做出了重要的贡献。近几年来,云栖小镇、梦想小镇、基金小镇、云谷、西溪谷、传感谷……一个又一个特色小镇在这座城市飞快构建生长,它们立足于创业创新,推动着电子商务的发展,加速着互联网时代的到来,更担负着发展信息经济、实现产业转型升级的重任。

（二）网商的集群推动着小微网商信贷满足率的提高

小微网商从低端形态向高端形态进化。传统的网商指的是借助互联网这个平台销售产品，通过产品的价格差获取利润，取得收益。而现在的小微网商，有做广告联盟、网络营销的，有做服务交易平台、沉淀资金运作的，有做定期付费、按需付费、打印机模式的，还有做免费增值、试用期购买等服务的。各类不同的小微网商对资金的需求异常迫切，尤其是分布于电商供应链两端的企业，它们面临内源融资匮乏、外源融资资质不够的困境，银行间接融资成为众多在杭小微网商的无奈选择。然而，长期以来，商业银行或是青睐大中型企业，或是扶持那些有固定营业地点、固定资产的少数几家小微企业并培育其发展成为大中型企业，绝大多数小微企业尤其是小微网商很难享受其提供的金融服务，小微网商信贷需求总体满足程度较低，但随着这两年网商的集群化效应，小微网商信贷的满足率在逐步提高。

（三）小微网商拓展银行渠道遭受风险和成本的严重制约

对于银行而言，其区别对待大中型企业与小微网商是有一定商业道理的。大中型企业可以提供厂房、设备等设施供抵押，且管理规范，而小微网商规模较小，市场占有率低，未来收益情况不明确，还款资金的来源有限，导致银行投放的资金相关保障不足。此外，绝大多数小微网商本身贷款金额较低，贷款又极其频繁，银行的贷款流程大致相同，这就导致银行给小微网商贷款的成本与大中型企业相同，而收益却低了很多。还有小微网商提供的会计报表有很多缺陷，单纯通过会计报表分析具有很大局限性，银行很难对小微网商的还款能力进行客观评价。有些小微网商从业人员素质较低，诚信度不高，一旦企业出现运营困难或资金周转不灵，极有可能拖欠银行贷款本金及利息，这样对银行而言，就更不愿意对小微网商发放信用贷款了。

三、小微网商网络融资行为分析

近年来，网购已经从购物的配角上升到主角的位置，大量专业性综合性平台诸如天猫、苏宁易购等也在逐步扩大中小网商入驻的规模。一些网商来源主要是线下商户的线上扩张，通过网络，线下的商户能够突破地域的限制，将商品卖到全球，能面对更广阔的客户群体。另一些网商单纯地以电商平台作为创业的平台。虽然网商经营的规模有大小，经营的品类有不同，销售的平台有差异，但他们或多或少都有融资的需求。一般而言，我们可以将其需求划分为如下三种类型。

存活需求：一般可以分为两个方面。一方面如淘宝或天猫平台上的商户,经营的模式主要为 B2C 或者 C2C,他们的资金缺口主要存在于买家未确认收货之前,因为这时交易资金是冻结在支付宝当中的,无法获取。阿里巴巴提供的订单贷款就主要针对"卖家已发货"的订单,其根据商户的综合经营情况来审批确定最终放款额。另外一方面是基于供应链金融的视角。发放贷款的主体也是大型电子商务企业,该企业根据与该企业发生经济业务往来的网络供应商、网络零售商、网络分销商之间的大量赊销账务,凭借大数据,进行综合比较分析,有针对性地提供部分订单贷款。此类融资关系到小微网商的生死存亡,一旦得不到相关的贷款,网店的推广难以为继,网店员工的工资无法按时发放,网店极有可能倒闭,故将此类贷款称为存活贷款,因为它是最关键、最核心、涉及面最广的贷款。

发展需求：小微网商通过了存活期,交易能够上一定的量,企业的收益也不断增长,这时小微网商就可能想成为大中型网商,毕竟"不想当将军的士兵不是好士兵"。这时小微网商就需要招聘相关运营人手,增加网络营销投入,推广个体网络品牌来获取更多的利润或占据更大的市场。但仅仅是通过个体的原始资本积累或者其他收入是不能提供充足的资金投入的,同样会面临流动资金的限制,故其也迫切希望通过各种渠道获得相应的融资。我们把这类需求统称为发展需求。此类需求规模相对较大,但对放贷企业或银行而言,它的风险更大,小微网商并不能提供订单或者供应链等相关数据进行支持。

提升需求：许多小微网商多点开花,多条腿走路。它们不仅在一个专业网络电子商务平台上开有多个店铺,还在多个平台上开设店铺,甚至在线下也有相应的实体商铺,这样一方面能够增加流量,增加商品的销售额,另一方面万一某家电商平台倒闭了,就还有别的电商平台或者线下平台供交易使用。总之,当今的 O2O 模式,线上引流,线下交易,或者线下引流,线上交易,多种混合的推广模式的运作同样需要大量资金的不断注入。提升需求一般而言可以通过贷款等方式注入资金,也有很多通过股权众筹、吸引合伙人、创业板发行股票等方式来解决相关资金困难的问题。

四、小微网商融资可选渠道及效用分析

(一)银行贷款

小微网商融资难的根源就是商业银行的不重视,再加上政府对小微企业融资的相关法律、政策尚未完善,以及传统银行贷款本身对贷款企业要求较高,必须有质押、担保、联保等要求。对小微网商而言,其除了存货及应收账款外,几乎

没有其他资产,更别提土地房产等抵押物了。且小微网商销售的产品受政策的不确定影响较大,银行很难判断哪些小微企业目前状况不好但有发展潜力。还有小微网商本身规模较小,也无所谓的科学化、制度化的管理体系,更无健全的财务制度。银行贷款主要针对那些适应政策需要、产品有销路、资信良好的小微网商。但其信贷审批所需时间仍然较长,总体看来已经严重不适应现代小微网商发展的需要。此外,据不完全统计,中小企业信贷在银行信贷中的占有率不到20%,且有逐年下降的趋势,对于新兴的中小企业代表——小微网商而言,制度及政策上如果没有较大的激励倾斜机制的话,其快速获得银行贷款的机会是微乎其微的。

(二)网商信贷

网商信贷的模式主要是指通过大数据、云计算对电商平台上的交易数据、用户行为、用户信息等进行分析,具体包括对信用体系、交易数据、用户评价、投诉纠纷、市场占有率等进行综合分析,形成网络评价体系及风险模型系统,最后据此分析小微网商何时需要贷款、需要多少贷款,并以此作为参考向小微网商发放订单贷款或者信用贷款。该模式已经在诸多大型电子商务平台上实施多年,具体包括阿里巴巴的淘宝贷款、京东商城的京东白条等。在这种模式下,提供融资服务的主体既可以是大型电子商务公司,也可以是那些与这类大型电子商务公司合作的其他金融机构,通过信息技术,通过计算真实发生的业务相关数据,与金融进行结合,共同服务于相关有需求的小微网商。但运营在该模式下的大型网商之间并无相关的数据共享,也暂无相关的政策法规,平台和平台之间不共享交易记录、评价体系及真实的财务数据,这就导致无法计算及预测跨平台经营的小微网商网络信贷的实际需求。此外,那些自己申请域名空间、自行搭建电子商务网站的小微网商更加无法获得大型网商信贷的青睐了。

(三)民间借贷

民间借贷是一种资源丰富、操作简便的融资手段,又被称为"草根金融",门槛较低,对借款人个人资质不看重,甚至可以说几乎无门槛,只要借款方愿意即可。它可以在一定程度上缓解银行信贷资金不足的问题,拓展小微网商融资渠道。但民间借贷具有很大的随意性、风险性,且极易造成诸多社会问题。此外,一般而言民间借贷是不用提供相关的产品质押担保的,且借款速度快,只要双方签订借贷合同即可办理完毕,最快几分钟就能搞定,特别适合急需用钱的小微网商,但会产生较高的管理费、手续费,且借贷利率较高,小微网商的还贷风险较高,借贷双方仅仅凭借信用担保维持。总之,民间借贷对小微网商而言,借贷成本高昂,目前而言,网络交易的收益率也不是特别突出,故小微网商借民间资本进行投资或扩大经营规模几乎没有盈利空间,如非迫不得已,小微网商还是尽量不要采用这一途径。

（四）网络众筹

网络众筹是一种新型的互联网金融模式,即大众利用互联网进行融资集资活动。由发起人、跟投人、平台构成。具有低门槛、多样性、依靠大众力量、注重创意的特征。它不仅表现在金融创新上,还向传统金融提出了新的挑战。网络众筹模式也给小微网商提供了一个新型的融资渠道,通过众筹将社会分散的资金撬动起来,无论是闲置资金还是半闲置资金或者储蓄资金,都可以激发出来。此外,网络众筹也体现了目标金融的特征,对于小微网商而言,只要从事的业态好,有发展前景,通过众筹,人人都能投资,都能投资小微网商,人人都能成为"天使投资者"。这个过程可以积极推动小微网商的创业创新意识,整合资金与资源,让投资者投资更加精准、明晰,效率更高。

五、小微网商网络融资效用总结

小微网商是随着互联网的普及应运而生的一个新兴商业体,它同传统中小企业相比,既有相同之处也有不同之处。幸运的是小微网商出现的时代非常好,它不同于传统中小企业,传统中小企业融资渠道除了银行,只有民间借贷。小微网商的融资渠道增加了网商信贷、网络众筹等。虽然很多融资模式是新生事物,仍处于"摸着石头过河"阶段,但这类新模式、新渠道已经实实在在地拓宽了小微网商融资的"钱路",助力小微网商在新的经济环境下更好更快地发展。

【参考文献】

[1]吕劲松.关于中小企业融资难、融资贵问题的思考[J].金融研究,2015(11).

[2]刘海.小微网商网络信贷可获途径及监管对策研究[J].长春金融高等专科学校学报,2015(1).

[3]郭丽虹,张祥建,徐龙炳.社会融资规模和融资结构对实体经济的影响研究[J].国际金融研究,2014(6).

[4]刘海.中小微网商融资:供求与效率分析[J].安徽商贸职业技术学院学报(社会科学版),2015(4).

[5]郭娜.政府? 市场? 谁更有效:中小企业融资难解决机制有效性研究[J].金融研究,2013(3).

[6]曾爱民,魏志华.融资约束、财务柔性与企业投资现金流敏感性:理论分析及来自中国上市公司的经验证据[J].财经研究,2013(11).

基于银行视角的浙江省小微企业抵押、非抵押信贷方式的风险控制研究①

——以浙江温州为例

张惠君②

内容摘要：抵押信贷作为银行最常用的风险工具将很多小微企业排除在外，如果能够有效控制非抵押信贷风险，对抵押品缺乏的小微企业融资难的缓解具有现实意义。本文以浙江温州小微企业信贷作为研究对象，从银行视角研究抵押与非抵押方式下的信贷风险及风险产生的机理，进而提出风险控制策略。

关键词：银行　小微企业　抵押　非抵押　风险控制

信贷风险控制始终是银行小微企业信贷业务扩展的主要障碍，也是其试图突破的方向。社会实践表明：在大数据的背景下，小微企业交易信息的跟踪为银行信贷方式转型提供了可能性；在资本市场和信贷利率全面放开的政策环境下，小微企业客户是商业银行新的经济增长点，非抵押信贷也是各家商业银行争夺小微企业客户的噱头。兼顾商业银行的理性人特征，实现可持续的小微企业信贷支持也是当前金融政策的新取向。由于抵押要求将多数小微企业排除在金融体系之外，在此背景下，一方面银行试图通过免抵押贷款拓展小微企业客户市场，另一方面抵押贷款仍然是银行信贷方式的首选，这种看似自相矛盾的社会现象实质在于风险控制。为小微企业提供非抵押信贷方式是银行"叶公好龙"之举吗？两种信贷方式下风险要素差异何在？如何在免抵押下改进风险控制效果，实现金融创新和银企双赢？对这些问题的探讨都具有现实意义。

---

①　浙江省金融教育基金会 2017 年度资助课题（项目编号：2017D08）。项目负责人：张惠君；课题组成员：许辉、蒋文超、徐菲。
②　作者简介：张惠君，女，（1973— ），浙江金融职业学院会计学院副教授，主要研究方向：产业经济与公司金融。

一、温州小微企业贷款基本情况

(一)企业不同贷款方式基本情况

依据企业的贷款方式,可以将贷款分为信用贷款、保证贷款、抵质押贷款。

抵质押贷款是温州小微企业贷款的主要方式,且 2014 年以来,企业抵质押贷款余额总体呈现下降态势,以年均 5.9％的速度下降。其中,抵押物以房产、土地、设备等固定资产为主。温州全部贷款中约有 70％是以房产作为抵押物的。

保证贷款是温州企业贷款的另一种重要方式。从时序上看,2012 年以来,温州保证贷款余额和比例持续下降,但在 2015 年末触底后有所回升。从放贷机构看,四大银行、法人机构和其他银行发放的保证贷款余额占比分别为 31.4％、16.8％、51.7％,股份制商业银行使用保证方式放贷较为普遍。保证贷款下降比例被信用贷款替代。

统计表明,随着温州信用体系的积极重构,越来越多的银行对企业重新开启信用贷款的大门,加大信用贷款产品创新力度,但是信用贷款比例仍然偏低。信用贷款自 2012 年以来逐年上升,2012 年占比为 3.7％,到 2017 年上升到 13.3％,上升了 9.6 个百分点,年均增速 27.6％,如表 1 所示。近年来,随着温州信用体系的积极重构,越来越多的银行加大企业信用贷款产品创新力度。

表 1　2012 年以来企业不同贷款方式占比情况表　　　　　单位/％

	2012 年末	2013 年末	2014 年末	2015 年末	2016 年末	2017 年末
企业信用贷款占比	3.7	4.5	5.1	6.7	9.4	13.3
企业保证贷款占比	40.1	36.1	32.8	31.3	34.8	34.6
企业抵质押贷款占比	56.2	59.4	62.1	62.0	55.8	52.1

数据来源:根据温州实地调研数据整理。

(二)小微企业贷款基本情况

小微企业贷款主要以抵押贷款为主,而非抵押贷款,尤其是信用贷款主要处在探索与试点阶段,其主要依托标准化处理的客户智能化融资服务系统。客户从贷款申请到支用还款都是全流程线上自助操作,秒申秒批秒支,随借随还,已部署网上银行、手机银行等电子渠道,纯信用贷款最高额度为 200 万元。其产品主要有"小微快贷""税易贷""网贷通"等。如建行"小微快贷",自 2017 年 6 月上线以来,授信客户 1275 户,授信总额 8.96 亿元,支用客户 826 户,累计放款金额

5.48 亿元。工行的"网贷通"面向优质企业,要求企业信用记录良好、经营良好,在网络上办理业务,前期办好授信,企业可在网络上根据资金需求情况,随借随还。建行"税易贷",根据近三年小微企业纳税情况,为诚信纳税的小微企业客户提供信用融资渠道。如晓余电气有限公司成立于 2009 年,是纳税信用 A 级企业,多年来诚信纳税,客户经理通过实地走访,认为该企业符合办理条件,最终该企业获批"税易贷"400 万元。

二、抵押、非抵押贷款存在的风险分析

(一)抵押贷款风险分析

抵押贷款的风险主要集中在抵押物的真实性及其保值增值方面,在发放贷款时通过对抵押物的评估就可以在一定程度上控制风险,其风险的可控性较强。

(二)信用贷款存在的风险分析

1.小微企业自身存在的问题给银行带来风险

一方面,小微企业规模小,科技含量低,抗风险能力弱,生产经营弹性大,经营不稳定,关、停、并、转变化频繁。企业经营成功,还贷问题不大;企业经营失败,则贷款风险非常大。同时小微企业融资比例均较高,银行无法判断小微企业的真实负债情况,银行放贷较谨慎。除此之外,信用贷款名义用途与实际用途相差较大。部分企业以经营性周转或技改需求申请贷款,实际贷款用于还贷或投资房地产,有的甚至用于炒股。由于小微企业纳税不规范,银行很难了解企业真实的销售和生产情况,贷款与销售往往是错配的。

另一方面,小微企业没有建立一套健全的财务制度,财务行为不规范。很多企业主资产与企业财务混在一起,难以厘清企业主和企业之间的财务状况,仅通过企业财务报表无法获取准确信息,难以对其生产经营情况及资金真实用途进行评估和把握,导致银行发放信用贷款的时候较为谨慎,也加大了银行的贷款审批和贷后管理难度。银行在发放信用贷款时均要求法人承担连带责任。

2.信息采集远不能满足银行征信信息需求

《征信业管理条例》规定,金融信用信息基础数据库为信息主体和取得信息主体本人书面同意的信息使用者提供查询服务。由于银行只能取得信贷需求企业的征信查询授权书,而无法取得其关联企业的征信查询授权书,无法排查关联企业不良率及担保链风险,银企信息因此不对称,加剧发放信用贷款难度。

3.风险防控措施较弱

从实际情况看,已发放信用贷款的银行,均没有实质性的防范风险的措施,

虽然目前企业信用贷款风险相对较低,大多数信用贷款的不良率为零,但潜在风险不容忽视。一方面规避信用贷款风险的根基尚不稳固,另一方面缺乏独立的增信平台,不利于风险把控。一旦出现风险,银行就无法把控,也没有可以防范风险的有效措施。

（三）担保贷款存在的风险分析

1.能力测算不足,企业超负荷担保现象普遍

部分银行存在借款人条件不够、担保来凑的心理,片面追求形式上的第二还款来源,而对担保人的担保能力测算不足。一是担保人可能不具有担保资格、担保能力而提供高风险的担保,一旦出险,担保企业并不能如约履行代偿责任,担保形同虚设。二是由于信息不对称,企业可能提供虚假的财务报表和信息,而银行没有对相关信息进行核实,造成担保能力测算与实际担保能力存在偏差。三是对隐性关联客户授信未严格统一控制。银行对关联企业实际控制人为同一人的隐性关系未进行全面深入调查,未实行关联客户统一授信,导致信贷风险积累。

2.多重加固、个人连带等形式过度担保

担保方式被滥用的另一个表现就是,银行不注重实际保证能力,一味追求企业数量和保证金额,对贷款进行多重加固,如一笔贷款由三五家企业联合保证,且保证金额是贷款额的四五倍。据统计,温州200多家出险企业平均牵涉的一级保证企业就有3家,部分较大企业涉及的一级保证企业更是多达十几家。一旦被保企业出险,联保体成员出于少承担代偿责任的考虑,容易相互推诿。为避免成为首先承担担保责任的人,互保成员往往相互观望,甚至缩减生产规模、转移存款、处理外债,在相互效仿、传染之下会影响整个社会的信用和生产力。部分银行还会要求企业追加法人或股东的个人连带责任保证担保,这不但会使有限责任制失效,影响企业经营的积极性,"倒逼"企业主在危机时以消极的方式处理债务,而且事实上,这种方式并没降低信贷风险,不少银行起诉时才发现这些法人或股东名下查无资产,或仅有少量房产、车辆,或资产在境外。

3.实施的担保程序不规范,未履行后果告知义务

一是银行实施担保程序不规范,比如要求企业背书多份空白合同、擅自修改企业担保金额、为企业担保"拉郎配"等,导致企业以担保程序问题为由拒绝履约,甚至起诉银行。二是银行利用企业对担保认识不足的弱点,未履行担保后果的告知义务。三是担保手续可能不完备,而银行缺乏验证,致使银行面临重大的操作风险和法律风险。

4.集群同质企业易抱团,风险分散机制失效

近年来,担保链风险日益暴露,甚至有愈演愈烈的趋势。中型客户多、保证担保比例高的银行,资产质量明显较差。互保联保企业多处于同行业、上下游、同圈子,面临的风险相似,无法有效分散风险,这也是担保形式脆弱的主要原因之一。温州产业集群特点明显,具备担保圈形成的天然条件,亲朋好友间易相互担保、抱团取暖,但同时由此形成的担保链易引发系统性风险,会对区域产业群造成冲击,引起局部金融体系的动荡。

三、抵押、非抵押贷款风险控制机理分析

(一)放贷模式存在路径依赖

其主要表现在:一是贷款过度依赖抵押,信用贷款份额不足。一方面,虽然近年来信用贷款有所发展,但市场占比仍然较小。另一方面,贷款投放过度依赖房产、地产等抵押物,一定程度上催生了银行的"懒惰"行为,导致贷前调查和贷后监督不充分。二是质押贷款发展不足,产品创新动力不足。我国银行的贷款担保机制中,抵押物被金融机构当作信贷业务信用风险的重要缓释工具,而动产如汽车合格证、应收账款、预付账款等则缓释能力较弱,故银行在质押贷款方式上的发展不足,产品创新动力不足。

(二)企业风险认识不足

企业风险管理意识薄弱,对外担保随意性强。首先,小微企业由于管理水平低下,风险意识不足,企业主常碍于情面互相提供担保,但是对担保合同需要承担的代偿责任并没有清晰的认识,对外担保决策过于简单随意,缺乏对被担保企业的风险评估。其次,对外担保决策机制缺乏科学流程。虽然多数企业的章程中有明确对外担保需股东大会出具决议,但在实际操作中,这种科学的决策机制被企业的实际控制人所架空,往往先决策、后决议。再次,许多担保关系还掺杂各种经济利益,比如企业之间有共同的投资,同处于产业链上下游,有货款往来关系,出于融资需求而形成互保联保合作,等等。因此,担保群体的形成也是一个逆向选择过程,越是过度融资、负债过高、资产能力不足、对外投资激进的劣质企业,越容易担保过度。

(三)内控及考核机制不合理

在考核机制、营销激励等因素影响下,部分银行机构存在为了做大业务规模放松准入门槛的现象,对于互保联保贷款未有效履行事中监管措施。银行顺经济周期管理之下,一旦风险集中暴露,各家银行出于不良贷款容忍度低、考核压

力大等因素考虑,往往会在第一时间抽贷、压贷,加大了企业的经营压力。银行发放贷款时会权衡信贷投放的收益和获取信息所需要的成本,增加保证担保人无疑是节省人力、相对可靠的贷款方式。商业银行从风险控制角度出发,在企业不能提供抵质押物担保的情况下,认为保证担保"有总比没有好"。即便对于一些信用等级较高的企业,也要求提供保证担保而不愿发放信用贷款,客观上也导致担保圈的形成,且容易出现"用担保圈垒流动资金贷款""用流动资金贷款垒大户"的情况。

(四)贷款市场存在过度竞争

温州在全国同类地级市中金融机构种类较齐全、网点数量较多。全市共有50家左右银行业金融机构(含全国首批民营银行——温州民商银行),各地城商行相继在温州设立分支机构,上千个营业网点遍布城乡。温州银行业机构竞争十分激烈,这也是直接导致温州企业多头融资、过度融资的诱因之一。温州贷款市场存在过度无序竞争现象,产品结构单一,同质化竞争严重。在信用周期内,商业银行间竞争激烈,导致金融机构对客户授信过度,部分集团客户授信银行数超标,多的甚至达15家。过度授信与过度担保,通过信用扩张相伴而生。

(五)缺乏有效的监管介入机制

现行的监管法规中,对互保、连环担保圈内保证关系的对数、金额、户数没有限制性规定。中国人民银行、国家金融监督管理总局等部门未出台完善的监管机制。应对商业银行日常贷款担保部分加强引导、监督和约束,如要求商业银行建立相关信息统计与监测制度,就贷款担保方式进行定期统计分析,对于过度、滥用担保手段做出窗口指导。

四、信贷风险控制策略建议

从企业贷款的风险表征、担保问题产生的机理分析来看,银行放贷过度依赖担保方式,客观上对区域金融风险集聚、扩散起到了助推的作用。因此,我们从技术改良、替代选择、制度保障以及外部环境营造四个方面提出可行的路径选择,规范担保程序,创新贷款方式,抑制或消除过度担保产生的种种问题。

(一)从技术改良角度,着重加强担保贷款发放管理,共同抑制过度担保的危害

一是银行要改进信贷管理制度,完善自身的担保信息数据库,在审贷过程中引入专业的资信评估机构,可以制定更为明确的具体标准,如根据企业规模、净资产等因素合理确定企业对外担保的上限。实施授信总额联合管理机制,防范

多头授信、过度授信。二是企业加强担保决策约束,完善公司治理结构,形成对外担保的科学决策机制,要提高风险管理意识,正确认识担保行为的法律后果,合理评估自身担保能力和被担保企业经营状况。三是监管部门要完善担保贷款监控,对过度担保的涉及面、重点担保圈,进行不同情境下的压力测试,并对多头融资、过度融资采取限制措施。建立金融同业公会自律机制,对贷款担保方式进行引导及管理,将超过净资产一定倍数的担保视为无效担保,防止同业间无序过度介入。

(二)从替代选择角度,着重大力发展信用贷款,进一步拓展抵质押贷款

一是互联网技术和大数据的发展,将有效降低银行获取企业信息的成本,因此,银行要创新信息渠道,充分利用"大数据"技术,发展企业信用贷款。如微众银行依据社交媒体的大数据进行信用分析和评估。浙江网商银行从旗下电商网站的交易数据中获得支持,进行征信评级。二是拓展企业抵质押贷款,在注重存单质押、有价证券质押、国债质押等传统质押贷款的同时,大力发展科技、商标等无形资产或特许承包经营权、排污权、应收账款、订单等其他有形资产抵质押贷款。随着物联网风控技术等的进步和运用,动产(汽车、商品、原材料等)必将成为融资"活用"的客体。三是创新质押贷款模式,如引入供应链金融可以有效地把供应商、制造商、分销商、零售商和物流企业有机结合起来,实现供应链的增值。

(三)从制度保障角度,着重推动担保物权评估流转体系发展,建立担保方式创新的激励机制

一是应建立完善的担保物权登记公示制度和担保物权流转机制,将各类物权纳入统一的法律框架。将知识产权、特许承包经营权、排污权等担保物权纳入产权交易的范畴,开发规范化、标准化的担保物权交易系统,促进各类担保物权高效透明地转让。二是建立风险补偿机制,如对科技型小企业试行贷款专项风险补偿,提高金融机构积极性。探索采用政府性产权储备机构的形式,参与排污权等的流转交易。积极探索担保创新加政策性保险的融资模式,大力发展农业和知识产权领域的政策性保险,通过再保险机制,扩大创新机制覆盖面。

(四)从外部环境营造角度,着重构建信用担保体系,推进信用文化建设

建立信用贷款征信服务平台。平台的构建将进一步解决信用信息不对称问题,提高商业银行查询的便捷性,提升其信用贷款发放效率。后期可基于信用贷款征信服务平台数据,构建信用评分模型,为商业银行提供参考。一是多维度挖

掘企业信用信息,改进企业征信系统,提高担保关系的信息披露质量,逐步实现银行、市场监管、财税、海关等各部门信息共享。二是完善第三方担保体系以及再担保体系,发挥地方政府在中小企业信用担保体系建设中的引导作用。三是建立失信惩罚机制,建立"信用黑名单",公示失信企业信息。对企业恶意逃避担保责任的行为,要依法保全金融债权,完善和规范担保企业破产行为,制裁逃废债企业。

【参考文献】

[1] 刘小玄,周晓艳.金融资源与实体经济之间配置关系的检验:兼论经济结构失衡的原因[J].金融研究,2011(2).

[2] 刘红生,李帮义.基于风险地图的中小企业信贷风险预警[J].统计与决策,2014(18).

[3] 马九杰,刘海英,温铁军.农村信贷约束与农村金融体系创新[J].中国农村金融,2010(2).

[4] 邵娴.农业供应链金融模式创新:以马王堆蔬菜批发大市场为例[J].农业经济问题,2013(8).

[5] 王朝弟.小企业信贷配给的阶段性约束及其体制内优化[J].金融研究,2006(12).

[6] 文建奇.商业信用影响因素研究[J].统计与决策,2011(5).

[7] 王道伟.中小企业融资中商业信用与银行信用关系的实证研究:以江苏高淳和溧水为例[D].南京:南京农业大学,2014.

"三农"服务与普惠金融发展

农户参与农村互助保险的影响因素研究
——基于宁波保险创新综合示范区的调查[①]

毛 通[②]

内容摘要:本文基于宁波保险创新综合示范区龙山镇"8+1"个试点村478户农户家庭问卷调查数据,采用 Logistic 回归分析方法对农户参与农村互助保险的影响因素进行实证分析。研究结果表明:家庭风险特征、推广执行效率和外部支持力度三个因素对农户参保行为的影响显著,而农户保险认知能力和对互助保险的评价两个因素的影响则不显著。建议当地部门从宣传推广、产品创新、优化结构、外部支持和人才培养等方面发力,提高农户的参保率。

关键词:互助保险 农户 参与行为 影响因素 龙山模式

一、引言

互助保险,是以互助合作为基本形式,某一行业或某一类职业的人员为规避同类灾害造成的损失而自发组织起来的一种非营利性、以分散成员风险为最终目标的保险形态(叶晓凌,2006)。相对于商业保险,互助保险由于具有非营利性、互济性、公益性、民主性和灵活性等特点,对逆向选择、道德风险的抑制作用明显(Lauxand Muermann,2010;Adamseta,2011;Bienerand E ling,2012;杨文生等,2012)。2014 年中央一号文件明确提出,加大农业保险支持力度,鼓励开展多种形式的互助合作保险。同年《国务院关于加快发展现代保险服务业的若干意见》(简称保险业新"国十条")也强调要"健全农业保险服务体系,鼓励开展多种形式的互助合作保险"。大力发展农村互助保险,对建立健全我国多层次农村

---

① 浙江省金融教育基金会 2016 年度资助课题(项目编号:2016Y06)。项目负责人:毛通。
② 作者简介:毛通,男,(1980—),浙江金融职业学院投资保险学院副教授,主要研究方向:农村保险。

社会保障体系,发挥保险在农村、农民和农业中的风险管理作用,更好地服务"三农",有重大的现实意义。

龙山镇农村互助保险试点项目是浙江宁波建设宁波保险创新综合示范区的一次重大尝试。自 2011 年慈溪龙山镇西门外村成立全国第一家保险互助社——伏龙农村保险互助社以来,到 2013 年,该模式已进一步扩容至龙山镇 8 个村(以下简称"龙山模式")。截至 2014 年,互助社处于承保状态的保单有 4181 件,承保户数 2894 户,保费收入近 65 万元,保险金额 42075.6 万元。经过将近五年的探索与积累,"龙山模式"渐具雏形,同时在实践中也暴露出农户主动参保意识不强、险种结构单一、专业化水平不高和省内复制推广较难等问题。

本文通过对浙江宁波龙山镇"8+1"个互助保险试点村的问卷调查和实证研究,了解当地农户对互助保险的接受程度,分析影响农户参与互助保险的主要因素,了解农户对互助保险实施效果的评价,总结"龙山模式"的经验和不足,为试点项目的下一步实施和推广提出对策建议。

二、农户参与农村互助保险影响因素的理论假设

国内有关农村互助保险的研究主要围绕制度构建和模式探讨等理论层面,且以定性研究为主(曹圃,等,1993;黄微,等,2003;伍艳,2011;张跃华,2004);对农户参与互助保险行为的定量研究鲜有涉及,相关文献仅有韩洪云(2013)、韩珂(2013)等。韩洪云等(2013)认为,农户参与互助保险会根据自身条件做出成本收益权衡基础上的利益最大化决策,从而对参保费用、理赔额度及理赔事项做一定程度的了解,因此将临安山核桃种植户参与当地互助保险行为的影响因素分为户主特征、山核桃采收特征、山核桃地块特征、互助保险执行特征和互助保险政策认知;韩珂等(2013)则从农机户的基本情况、对农机保险的需求、对农机安全互助保险的认知、对农机安全互助保险的满意程度和政策支持 5 个方面分析陕西省、湖北省 5 个县(市、区)农机户农机安全互助保险购买意愿。

综合上述研究,本文结合龙山互助保险的具体特点,将影响农户参与农村互助保险的因素区分为内部因素和外部因素:内部因素主要由农户的保险认知能力、农户所在家庭风险特征和农户对互助保险的评价三个因素构成;外部因素主要包括互助保险的推广执行效率,以及外部的支持力度两个因素。具体理论分析如下。

(1)保险认知能力。一般认为,户主在家庭事务安排中往往具有决定权,因此,户主对保险的认知在很大程度上影响该户参与互助保险的行为。而户主保

险认知能力的水平高低则由户主的生活经历、社会阅历、文化程度、保险经历等因素共同决定,具体体现为户主的年龄、职业、学历、保险经历和保险态度等特征变量。一般而言,年龄较大,文化程度较低,长期以务农为主,缺乏保险购买经历且对保险的重要性持较为消极态度的户主,对互助保险的认知会相对缺乏,从而可能影响到其参与互助保险的行为。

(2)家庭风险特征。户主自身及其所在的家庭风险特征是影响其参与互助保险行为的重要因素。家庭风险特征因素包括家庭赡养负担、现有保障、经济实力、风险状况和风险偏好。家庭的赡养负担和现有保障反映了一个家庭现有承受风险的能力,赡养负担大,现有保障水平低,表明家庭承受风险的能力较弱,户主更倾向于做出保守的决定,从而选择参与互助保险。互助保险相较于商业保险而言往往保费低廉,保障水平较低,因此难以满足经济实力较好的家庭的风险保障的需要,反而是经济实力较差的家庭由于难以承受价格高昂的商业保险费用支出,转而决定购买经济划算的互助保险。对家庭风险状况的评估同样会使户主做出更有利于自身的逆向选择决定,即家庭面临的风险越高则越倾向于参与互助保险。户主及整个家庭的风险偏好也是一个潜在的影响因素,越是厌恶风险,则越有可能参加互助保险,因为其需要借助保险来转移风险,降低不确定性。

(3)对互助保险的评价。与决定参与互助保险与否直接相关的另一个重要因素是对互助保险的综合评价,包括险种设置是否符合当地农户管理风险的需要,保险金额和保障范围是否合理,保险费用是否在可承受范围内,参保过程是否便利,保险理赔是否及时等6个关键变量。农户对上述各项影响变量的满意度越高,则其更倾向于参与互助保险。

(4)推广执行效率。加大对互助保险经营主体的宣传推广力度,有助于提高农户对互助保险的认知,对参保行为产生正面的影响。保险互助组织的经营效率也是影响农户参保积极性的因素,互助组织的运营越是高效,资金的使用越是规范透明,农户对其越是认可,越能吸引更多的农户参与到互助保险组织中来。村集体往往在互助保险的宣传和推广过程中发挥重要且不可替代的作用,村干部对互助保险工作的重视程度,将大大提升工作的效率。

(5)外部支持力度。农村互助保险在一定程度上属于政策性保险范畴,各级政府包括村集体的政策支持力度是影响农户参与互助保险的一个非常重要的外在变量。这种外部支持既包括直接的财政和税收支持,又包括人员、场地和技术方面的支持。政府的参与一方面带来了保险费用方面的减免,降低了农户参保的成本,吸引农户参保;另一方面有助于提高农户对互助保险的信任度,从而为互助保险的推广带来正向的影响。社会力量有时是推动互助保险发展的一个重要因素,如果可以争取到当地具有一定社会影响力的公众人物、企业或企业家的支持,就有助于提升互助保险的知名度和影响力,对群众起到正面宣传的作用,从而吸引更多人加入互助保险组织。

基于上述分析,可以构建农户参与互助保险影响因素的理论模型。如图 1 所示。

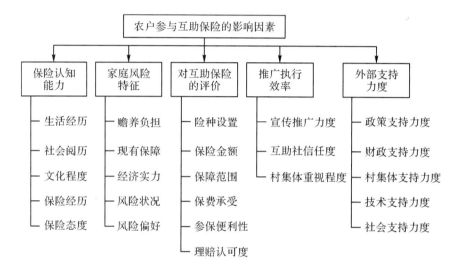

图 1 农户参与互助保险影响因素的理论模型

三、变量定义与模型设定

(一)变量定义

基于上述理论分析,对模型被解释变量和各解释变量做如下定义,如表 1 所示。

表 1 模型变量定义

变量类型	变量名称	变量定义及赋值	预期影响
解释变量	有无参保	没有=0,有=1	

续 表

变量类型	变量名称	变量定义及赋值	预期影响
保险认知能力	生活经历	参保者年龄,61 岁以上＝0,46 至 60 岁＝1,31 至 45 岁＝2,18 至 30 岁＝3	－
	社会阅历	参保者职业,务农人员＝0,非务农人员＝1	＋
	文化程度	参保者学历,文盲或半文盲＝0,小学＝1,初中＝2,高中或中专＝3,大专及以上＝4	＋
	保险经历	有无购买保险经历,没有＝0,有＝1	＋
	保险态度	保险的必要性,没有必要＝0,一般＝1,有必要＝2	＋
家庭风险特征	赡养负担	轻＝0,一般＝1,重＝2	＋
	现有保障	高＝0,一般＝1,不高＝2	－
	经济实力	高＝0,较高＝1,中等＝2,较低＝3,低＝4	－
	风险状况	近两年家里有无遭受重大灾害事故或疾病,没有＝0,有＝1	＋
	风险偏好	偏好风险＝0,风险中立＝1,风险厌恶＝2	＋
对互助保险的评价	险种设置	不合理＝0,一般＝1,合理＝2	＋
	保险金额	不合理＝0,一般＝1,合理＝2	＋
	保障范围	不合理＝0,一般＝1,合理＝2	＋
	保费承受	不合理＝0,一般＝1,合理＝2	＋
	参保便利性	不便利＝0,一般＝1,便利＝2	＋
	理赔认可度	不认可＝0,一般＝1,认可＝2	＋
推广执行效率	宣传推广力度	不大＝0,一般＝1,大＝2	＋
	互助社信任度	不信任＝0,一般＝1,信任＝2	＋
	村集体重视程度	不重视＝0,一般＝1,重视＝2	＋
外部支持力度	政策支持力度	不大＝0,一般＝1,大＝2	＋
	财政支持力度	不大＝0,一般＝1,大＝2	＋
	村集体支持力度	不大＝0,一般＝1,大＝2	＋
	技术支持力度	不大＝0,一般＝1,大＝2	＋
	社会支持力度	不大＝0,一般＝1,大＝2	＋

（二）模型设定

本文试图对影响农户参与农村互助保险的影响因素进行实证检验和定量分析。从模型变量特征分析看，不管是被解释变量还是解释变量，均不是连续取值变量，而以离散取值的分类变量为主，这一特征表明其不适用普通最小二乘法或者加权最小二乘法进行直接建模和参数估计，Logistic 回归模型是一个不错的选择。同时，模型的解释变量包括 5 大因子 24 个变量，直接进行 Logistic 回归一方面会因解释变量过多导致模型参数的解释效率大打折扣，另一方面变量之间的内在联系将产生严重的多重共线性问题，造成回归结果的偏误。为解决这一问题，在模型变量设定上，本文先将 24 个变量合成保险认知能力、家庭风险特征、对互助保险的评价、推广执行效率和外部支持力度 5 大综合因子，各因子的取值由小类变量取值加总得到，然后将 5 个综合因子与被解释变量进行 Logistic 回归。基于以上考虑，Logistic 回归模型最终设定如下：

$$\log it(P) = \beta_0 + \beta_1 X_1 + \beta_2 X_2 + \cdots + \beta_5 X_5 \quad\quad\quad （式1）$$

$$P = \frac{\exp(\beta_0 + \beta_1 x_1 + \cdots + \beta_5 x_5)}{1 + \exp(\beta_0 + \beta_1 x_1 + \cdots + \beta_5 x_5)} \quad\quad\quad （式2）$$

上式中，P 代表农户参与农村互助保险的概率，$\log it(P) = \ln(\frac{P}{1-P})$，其中 $\frac{P}{1-P}$ 代表优势比 $\exp(B)$，$\beta_i (i = 1, \cdots 5)$ 代表待估的 5 个模型参数，$X_i (i = 1, \cdots 5)$ 代表上述 5 个解释变量。

四、数据来源与样本说明

（一）数据来源

为了验证分析农户参与农村互助保险的行为及影响因素，作者在 2015 年 7 月，率领调研团队，在宁波慈溪龙山镇当地联社和各村互助社相关人员的支持和帮助下，对西门外村等"8+1"个试点村进行实地调查。调查对象为拥有当地户籍且年龄在 18 周岁以上的村民。为保证样本有效覆盖各试点村，在实施调查之前制定了配额表，估算各村所需抽取的必要样本容量，然后以户为单位，共发放问卷 500 份，回收有效问卷 478 份，问卷有效率 95.6%。样本配额和实际分布情况如表 2 所示。

表2 样本配额和实际分布情况

"8+1"个试点村	户籍人口	配额	有效样本数	占户籍人口比重
金岙村	1537	44	44	2.86%
邱王村	1652	51	45	2.72%
龙山所村	1400	39	39	2.79%
山下村	938	27	25	2.67%
东门外村	1865	60	55	2.95%
伏龙山村	2147	46	39	1.82%
龙头场村	3967	112	112	2.82%
凤浦岙村	950	27	27	2.84%
西门外村	3326	94	92	2.77%
合计	17782	500	478	2.69%

注:表中的户籍人口为2013年的数据。数据来源:慈溪市统计局。

本文研究所涉及变量的数据统计摘要见表3。

表3 模型变量的数据统计摘要

变量名称	极小值	极大值	均值	标准差	变量名称	极小值	极大值	均值	标准差
有无参保	0.00	1.00	0.56	0.50	保障范围	0.00	2.00	1.03	0.87
生活经历	0.00	4.00	1.46	1.28	保费承受	0.00	2.00	1.41	0.82
社会阅历	0.00	1.00	0.56	0.50	参保便利性	0.00	2.00	1.68	0.57
文化程度	0.00	4.00	1.62	1.21	理赔认可度	0.00	2.00	7.49	0.75
保险经历	0.00	1.00	0.51	0.50	对互助保险的评价	0.00	12.00	1.46	3.87
保险态度	0.00	2.00	1.23	0.92	宣传推广力度	0.00	2.00	0.79	0.67

变量名称	极小值	极大值	均值	标准差	变量名称	极小值	极大值	均值	标准差
保险认知能力	2.00	11.00	5.39	2.02	互助社信任度	0.00	2.00	1.12	0.76
赡养负担	0.00	2.00	1.06	0.83	村集体重视程度	0.00	2.00	1.04	0.75
现有保障	0.00	2.00	1.26	0.83	推广执行效率	0.00	6.00	2.95	1.90
经济实力	0.00	4.00	3.03	0.86	政策支持力度	0.00	2.00	1.14	0.87
风险状况	0.00	1.00	0.47	0.50	财政支持力度	0.00	2.00	1.07	0.88
风险偏好	0.00	2.00	1.20	0.89	村集体支持力度	0.00	2.00	1.26	0.78
家庭风险特征	1.00	11.00	7.02	2.82	技术支持力度	0.00	2.00	0.90	0.70
险种设置	0.00	2.00	0.94	0.90	社会支持力度	0.00	2.00	1.11	0.78
保险金额	0.00	2.00	1.00	0.85	外部支持力度	0.00	10.00	5.48	3.23

（二）样本特征分析

（1）农户参保情况。在参加此次调查的 478 户农户中,参与和没有参与互助保险的农户分别为 269 户和 209 户,各占 56.3% 和 43.7%。从各试点村的参保率来看,西门外村参保率最高,达到 100%;其次为龙头场村与金岙村,参保率分别达到 61.6% 和 56.8%;然后为邱王村、凤浦岙村、山下村和东门外村,参保率分别为 48.9%、48.1%、48.0% 和 36.4%;参保率较低的为龙山所村和伏龙山村,分别为 25.6% 和 15.4%。

(2)保险认知能力。对影响农户参保的保险认知能力各变量调查结果显示,在参保的 269 户中,户主年龄 61 岁以上居多,有 124 位,占 46.1%;非务农人员有 178 位,占 66.2%;小学以下学历的有 147 位,占 54.6%;户主有保险购买经历的 246 户中有 186 户参加了互助保险,占 75.6%;户主保险态度积极的 272 户中有 247 户参加了互助保险,占 90.8%。

(3)家庭风险特征。对影响农户参保的家庭风险特征各变量调查结果显示,在参保的 269 户中,家庭赡养负担重的 151 户,占总参保户数的 56.1%;现有保障不高的农户 195 户,占总参保户数的 72.5%;经济实力中等以下的 167 户,占总参保户数的 62.1%;家庭风险高的 206 户,占总参保户数的 76.6%;厌恶风险的 221 户,占总参保户数的 82.2%。

(4)对互助保险的评价。对影响农户参保的互助保险评价各变量的调查结果显示,在未参保的 209 户中,认为险种设置不合理的 174 户,占未参保总户数的 83.3%;认为保险金额不合理的 150 户,占未参保总户数的 71.8%;认为保障范围不合理的 168 户,占未参保总户数的 80.4%;参保的 269 户中,有 234 户认为保费在承受范围之内,占总参保户数的 87.0%;有 232 户认为参保便利,占总参保户数的 86.2%;有 212 户对理赔表示认可,占总参保户数的 78.8%。

(5)推广执行效率。对影响农户参保的推广执行效率各变量调查结果显示,在未参保的 209 户中,有 151 户认为宣传推广力度不够,占未参保总户数的 72.2%;认为村集体不够重视的有 127 户,占未参保总户数的 60.8%。对互助社不信任的未参保户仅有 90 户,占未参保总户数的 43.1%。

(6)外部支持力度。对影响农户参保的外部支持力度各变量调查结果显示,在未参保的 209 户中,有 139 户认为政策支持力度不够大,有 159 户认为财政支持力度不够,两者分别占未参保总户数的 66.5% 和 76.1%;认为村集体支持力度不大的有 100 户,认为技术支持力度不大的有 115 户,认为社会支持力度不大的 96 户,三者分别占未参保总户数的 47.8%、55.0% 和 45.9%。

五、实证分析结果

(一)估计结果

运用 SPSS18.0 软件,对宁波慈溪"8+1"个试点村的调查数据进行 Logistic 回归和检验,结果如表 4 所示。

表 4　模型整体估计结果

解释变量	B	$S.E,$	$Wals$	df	$Sig.$	$Exp(B)$
保险认知能力	0.110	0.120	0.850	1	0.356	1.116
家庭风险特征	0.608***	0.090	45.514	1	0.000	1.838
对互助保险的评价	0.145	0.091	2.552	1	0.110	1.156
推广执行效率	0.690**	0.292	5.604	1	0.018	1.994
外部支持力度	0.720***	0.175	16.896	1	0.000	2.055
常量	−11.701***	1.457	64.518	1	0.000	0.000

−2 倍对数似然值＝126.409　Cox & Snell R^2＝0.669　Nagelkerke R^2＝0.897

注：*、**、***分别代表 10%、5%、1%的显著性水平。

(二)结果分析

从模型整体回归效果看,−2 倍对数似然值为 126.409,两个伪决定系数 Cox & Snell R^2 和 Nagelkerke R^2 的值分别为 0.669 和 0.897,表明数据整体拟合效果较为理想,拟合优度较高。从对解释变量的估计和检验来看,结果基本符合预期,其中家庭风险特征、推广执行效率和外部支持力度三个因子对农户参与农村互助保险的影响显著,保险认知能力和对互助保险的评价两个因子的影响不显著。具体分析如下。

(1)保险认知能力对农户参与互助保险整体影响不显著。将保险认知能力的 5 个特征变量与农户参保行为进行 Logistic 回归与检验后发现(见表 5),生活经历和文化程度对试点村农户参保行为的影响不显著,社会阅历、保险经历和保险态度对参保行为有显著的正向影响。从调查结果的分析来看,在未参保的 209 户农户中,户主职业为务农人员的占 57.9%,没有保险经历的占 71.3%,保险态度消极,认为保险没有必要的占 74.6%,均显著高于非务农、有保险经历和保险态度积极的农户,这表明社会阅历、保险经历和保险态度在影响农户参保中有显著影响。而户主年龄在 60 岁以上,学历为小学以下的农户仅占未参保总户数的 44.2%,甚至在 46 岁至 60 岁的农户中也仅为 42.4%,因此生活经历和文化程度的影响并不显著。

表 5　保险认知能力的估计结果

解释变量	B	$S.E,$	$Wals$	df	$Sig.$	$Exp(B)$
生活经历	0.211	0.205	1.052	1	0.305	1.234

续　表

解释变量	B	S.E,	Wals	df	Sig.	$Exp(B)$
社会阅历	1.511***	0.507	8.897	1	0.003	4.533
文化程度	0.089	0.205	0.188	1	0.665	1.093
保险经历	1.021**	0.411	6.164	1	0.013	2.776
保险态度	2.849***	0.264	116.787	1	0.000	17.270
常量	-5.231***	0.799	42.831	1	0.000	0.005

−2 倍对数似然值=250.798　Cox & Snell R^2=0.571　Nagelkerke R^2=0.765

注:*、**、***分别代表10%、5%、1%的显著性水平。

（2）家庭风险特征对农户参与互助保险有显著的正向影响。将反映家庭风险特征的 5 个解释变量与因变量进行 Logistic 回归与检验后发现（见表 6）:赡养负担、风险状况和风险偏好对试点村农户的参保行为有显著的正向影响,而现有保障状况与经济实力对参保行为有显著的负向影响。这一检验结果与预期分析完全吻合。从试点村的调查结果来看:现有保障状况较高的 117 户家庭中,有 98 户没有参保,占未参保总户数的 46.9%;保障状况不高的 243 户家庭中,195 户选择参保,占参保总户数的 72.5%。经济实力强的 7 户家庭均没有参保,而经济实力低的 163 户家庭中有 106 户选择参保。这表明对于有经济实力且保障较好的家庭而言,互助保险的低保障程度会被认为是多余的,因为其会认为现有保障和经济实力已足够应对家庭的风险。

表 6　家庭风险特征的估计结果

解释变量	B	S.E,	Wals	df	Sig.	$Exp(B)$
赡养负担	0.783***	0.263	8.895	1	0.003	2.188
现有保障	-0.830***	0.315	6.927	1	0.008	0.436
经济实力	-0.823***	0.196	17.603	1	0.000	0.439
风险状况	2.450***	0.408	36.028	1	0.000	11.590
风险偏好	1.865***	0.274	46.514	1	0.000	6.459
常量	-0.438	0.603	0.527	1	0.468	0.645

−2 倍对数似然值=291.508　Cox & Snell R^2=0.533　Nagelkerke R^2=0.714

注:*、**、***分别代表10%、5%、1%的显著性水平。

（3）对互助保险的评价对农户参与互助保险整体影响不显著。将反映农户对互助保险评价的 6 个解释变量与因变量进行 Logistic 回归与检验后发现(见表 7):对险种设置、保险金额和保障范围的评价对试点村农户参与互助保险与否有显著的正向影响,而保费承受、参保便利性与理赔认可度的影响并不显著。从原因分析来看:参与调查的 478 户农户中,42.7% 的农户认为当前的险种设置不合理,35.8% 的农户认为保险金额不合理,36.0% 的农户认为保障范围不合理。目前的险种以家财险和意外险为主(个别村也有尝试健康险等),且现有险种的保障范围较小,保障水平较低,而这远不能满足村民风险管理的需要。保费并没有成为影响农户参保的显著因素,农户参保的主要原因在于目前财政和村集体的支持力度较大(约占保费的 50%),不少村经济实力较为雄厚甚至全额由村集体统一出资投保,因此仅有 21.5% 的农户认为保费难以承受。同时农户在本村便可以完成参保与理赔,因此理赔认可度对参保的影响并不显著。

表 7　对互助保险的评价的估计结果

解释变量	B	$S.E.$	$Wals$	df	$Sig.$	$Exp(B)$
险种设置	1.213***	0.352	11.851	1	0.001	3.365
保险金额	1.086**	0.432	6.310	1	0.012	2.963
保障范围	1.149***	0.396	8.411	1	0.004	3.156
保费承受	0.099	0.287	0.118	1	0.731	1.104
参保便利性	−0.284	0.361	0.618	1	0.432	0.753
理赔认可度	0.443	0.301	2.169	1	0.141	1.558
常量	−2.898***	0.546	28.201	1	0.000	0.055

−2 倍对数似然值=262.591　　Cox & Snell R^2=0.560　　Nagelkerke R^2=0.751

注:*、**、*** 分别代表 10%、5%、1% 的显著性水平。

(4)推广执行效率对农户参与互助保险有显著的正向影响。将反映互助保险推广执行效率的 3 个解释变量与因变量进行 Logistic 回归与检验后发现(见表 8):宣传推广力度和村集体重视程度对农户参保有显著的正向影响,而互助社的信任度对参保影响不显著。从调查结果的统计分析来看:在没有参保的 209 户农户中,有 151 户认为宣传推广力度不够大,有 127 户认为村集体重视程度不够,分别占未参保总户数的 72.2% 和 60.8%,显然对上述试点村农户加大宣传推广力度和提高村集体的重视程度,可以显著吸引更多农户参保;而从互助组织的信任度统计结果来看,不信任的比例仅占未参保总户数的 43.1%,这表明其对试点村农户参保的影响并不显著,原因是目前各村互助组织均由村集体领导人负责,而这些人往往在本村具有较高的威望,容易获得村民的信任;同时,互助社的资金透明程度相对较高,不少试点村互助社经营收支都是公开的。

表 8 推广执行效率的估计结果

解释变量	B	$S.E,$	$Wals$	df	$Sig.$	$Exp(B)$
宣传推广力度	2.030***	0.359	32.037	1	0.000	7.611
互助社信任度	0.244	0.231	1.114	1	0.291	1.276
村集体重视程度	3.188***	0.521	37.473	1	0.000	24.244
常量	−4.674***	0.586	63.616	1	0.000	0.009

−2 倍对数似然值＝274.658　Cox & Snell R^2＝0.549　Nagelkerke R^2＝0.736

注:*、**、***分别代表 10%、5%、1%的显著性水平。

(5)外部支持力度对农户参与互助保险有显著的正向影响。将反映外部支持力度的 5 个解释变量与因变量进行 Logistic 回归与检验后发现(见表 9):5 个解释变量对因变量均有显著的正向影响。从调查结果来看:在未参保的 209 户农户中,认为政策支持力度不大的占 66.5%,认为财政支持力度不大的占 76.1%,认为村集体支持力度不大的占 47.8%,认为技术支持力度不大的占 55.0%,认为社会支持力度不大的占 45.9%,显然从以上几个方面加大支持力度,有利于进一步提高农户的参保积极性。在实际调查中,农户们普遍表示因为有政府、村集体和当地一些知名企业家的各方面支持,才吸引他们最终加入互助保险,而个别试点村尽管也得到财政支持,但因为所在村集体自身资金实力较弱,且没有本地企业的支持,其参保率明显低于其他村。

表 9 外部支持力度的估计结果

解释变量	B	$S.E,$	$Wals$	df	$Sig.$	$Exp(B)$
政策支持力度	0.649**	0.274	5.607	1	0.018	1.913
财政支持力度	1.024***	0.336	9.303	1	0.002	2.784
村集体支持力度	2.212***	0.383	33.302	1	0.000	9.131
技术支持力度	1.000***	0.330	9.185	1	0.002	2.719
社会支持力度	0.805***	0.276	8.515	1	0.004	2.237
常量	−6.227***	0.661	88.739	1	0.000	0.002

−2 倍对数似然值＝217.976　Cox & Snell R^2＝0.599　Nagelkerke R^2＝0.803

注:*、**、***分别代表 10%、5%、1%的显著性水平。

六、主要结论与建议

本文通过对宁波龙山镇"8＋1"个试点村互助保险实施情况的农户调查数据进行实证分析，得出以下主要结论。

第一，家庭风险特征、推广执行效率和外部支持力度是当前推动"8＋1"个试点村顺利实施农村互助保险的重要因素。"龙山模式"具有十分明显的外部驱动特征，当地政府和村集体在发起实施农村互助保险过程中发挥了重要的作用。宁波市各级政府为互助社试点提供了一系列优惠扶持政策，包括为互助社试点提供总额超过 360 万元的营运资金支持，为农民参与互助保险每年提供 100 万元的保费补贴，以及为互助社运营提供经营场所等，首个试点的西门外村甚至采用村集体全额出资统一购买的方式。外部的驱动力量，以及当地农户对于家庭风险管理的内在需求，为互助保险的前期顺利实施和迅速扩容提供了重要保障。

第二，农户的保险认知能力和对互助保险的评价在推动"8＋1"个试点村实施农村互助保险过程中的作用不显著。尽管农村互助保险具有较强的政策保险属性，前期的推广和实施需要外部因素的驱动，但是其最终是否具有生命力和竞争力，关键取决于互助保险是否真正意义上符合"三农"发展的内在需求。否则一旦缺乏外部驱动的动力，便有可能前功尽弃。

本文依据"8＋1"个试点村的参保率和 5 个特征因子在各村的平均得分，采用系统聚类方法进行聚类分析，结果见图 2。可以发现，西门外村和伏龙山村各自归为一类，其余 7 个村归为一类。之所以造成上述现象，原因在于最早实施互助保险的西门外村在各方面具有明显的优势。西门外村的成功一方面得益于政府的重视，村集体强大的支持，另一方面是因为经过几年的探索和尝试，其培养和积累了农户较好的保险认知能力，险种的设置和安排也更贴近当地村民的需求。尽管近几年财政支持的力度减弱，但村民参保的积极性依旧很高。相反，伏龙山村在 2015 年由于镇财政补贴没有到位，加上村集体经济实力较差，在缺少外部支持的情况下，当年的参保情况便十分不理想。

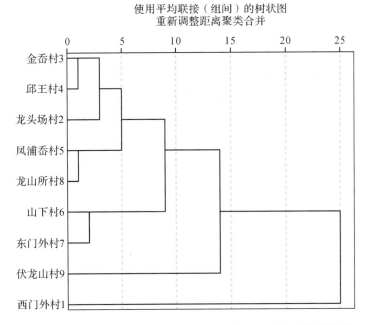

图2 基于"8+1"个试点村参保率和5个特征因子的系统聚类结果

基于上述研究结论,为下一步更好地推广和实施农村互助保险提出以下几点措施。

第一,加大互助保险的宣传推广力度,提高农户的保险认知能力。农村互助保险的顺利实施和推广,很大程度上有赖于农户保险意识的增强和科学保险观的树立。这一点在目前的试点工作中显得尤为重要。在调研中不乏对互助保险抱有偏见的农户,由于是村集体统一投保的,部分村子甚至存在一些农户对互助保险完全不了解的情形。这表明还需进一步加大宣传和推广的力度,加强农户风险教育,提高农户对互助保险的认知水平。

第二,加大互助保险产品创新力度,优化险种结构。当前试点村的互助保险仅涉及家财险、意外险和少量补充医疗保险,主要在宁波金融监管局的牵头下由当地专业保险公司协助开发,其险种过于单一,难以满足当地村民多元化"三农"风险管理需求。因此建议根据农户不同需求,科学细分参保档次、保险费用、保障金额和参保补贴,在此基础上因地制宜,积极开发与当地产业经济相融合的新险种,更好地服务当地农村经济的发展。另外,也可以探索参与经办政策性农业保险等涉农业务,同时增强与地方商业保险公司的合作,进一步拓宽服务领域和范围。

　　第三,继续争取外部支持,加大专业技术人才的培养和引进力度。尽管"龙山模式"已渐具雏形,但其基础依旧十分薄弱,互助保险组织的运营面临资金、技术和人才等多方面的严峻考验,农户自身的保险意识仍有待提高,因此需进一步争取地方政府、村集体和社会多方力量的支持。互助社运营面临专业技术人才的严重短缺,整个联社层面仅有少数几位专职工作人员,而村一级互助组织大都由村干部兼任,一方面其自身对互助保险方面的专业知识素养较为匮乏,另一方面由于身兼数职,往往难以全身心投入,因此建议加大对专业技术人才的培养和引进力度,逐步提高互助组织的专业化水平。

【参考文献】

　　[1] 叶晓凌.浙江渔业互助保险的实践及启示[J].生产力研究,2006(12).

　　[2] LAUX C, MUERMANN A. Financing risk transfer under governance problems：mutual versus stock insurers[J]. Journal of Financial Intermediation,2010,19(3):333-354.

　　[3] 杨文生,李畅,吕璐.山东省渔业互助保险运营情况调查[J].地方财政研究,2012(2).

　　[4] 曹圃,杨同亮,门和平.关于建立农村互助统筹保险的探索[J].保险研究,1993(5).

　　[5] 黄微,李朝晖.农村互助保障制度探讨[J].农业现代化研究,2003(6).

　　[6] 伍艳.论农业互助保险制度的构建:以广东为视角[J].南方金融,2011(3).

　　[7] 张跃华.农村互助统筹保险模式分析:以河南省为例[J].金融理论与实践,2004(12).

　　[8] 韩洪云,孔杨勇.农户农业互助保险参与行为影响因素分析:以浙江临安山核桃种植户为例[J].中国农村经济,2013(7).

　　[9] 韩珂,陈宝峰,李颖玮.农机安全互助保险购买意愿影响因素的实证分析:基于陕西、湖北的调查数据[J].农村金融研究,2013(8).

　　[10] 中国保险监督管理委员会山东监管局课题组.农户互助合作保险参与意愿研究:以山东省诸城市特种动物养殖互助合作保险为例[J].金融理论与实践,2015(2).

加快我国农业保险创新发展研究[①]

韩　雪[②]

内容摘要：我国政策性农业保险制度实施十几年来，农业保险得以迅猛发展。但是一些弊端也逐渐暴露出来。本文深入分析了十多年来我国农业保险发展取得的成绩以及存在的问题，给出了加快我国农业保险改革和创新的建议。

关键词：农业保险　创新发展　政府补贴

农业生产极易受到各类自然灾害的影响，一旦遭遇自然灾害，农业生产受损严重，农业收成大幅减少，势必严重影响农民的收入。作为农业大国，我国要大力发展农业保险，提高农业保险的保障范围和水平，分散和降低从事农业生产的风险，稳定和促进农业生产。

一、我国农业保险发展成效显著

2007 年，我国财政部开始实施农业保险保费补贴政策。这一政策主要是通过为投保的农民提供一定的保险费补贴来引导和支持广大农民参加农业保险，通过农业保险来分散风险。政策的实施是以地方和农民自愿参加为基础的。该政策实施十几年来，我国农业保险获得了长足的发展。

（一）农业保险保费规模飞速增长

我国从 2007 年开始推广实施政策性农业保险。当年就实现保费收入 51.8

---

①　浙江省金融教育基金会 2018 年度资助课题（项目编号：2018Y05）。项目负责人：韩雪；课题组成员：韩雪，沈洁颖，谢朝德。

②　作者简介：韩雪，女，(1979—)，浙江金融职业学院保险学院副教授，主要研究方向：商业保险理论与实务。

亿元。通过十年的不断努力,至 2017 年,全年农业保险的保费收入达 477.7 亿元,相比政策实施之初,增长了 8.22 倍。这个保费收入规模当年位列亚洲第一、全球第二。

（二）农业保险覆盖面逐渐扩大

2007 年以来,我国农业保险参保户数逐年增多。2007 年,全国参加农业保险的农户有 4981 万户次。至 2017 年增长了约 3.28 倍,达 2.13 亿户次。农业保险承保的主要农作物耕种面积也同步快速增加,从 2007 年的 2.3 亿亩增加至 2017 年的 21 亿亩,规模扩张接近 8.13 倍。参与农业保险的农作物播种面积占全部农作物播种面积的比例也逐步上升至 84.1%。

（三）农业保险补贴机制日渐完善

作为政策性保险,农业保险依靠中央财政补贴的比例较大。中央财政在 2007 年至 2017 年间,投入的补贴金额增长了 7.25 倍。中央财政补贴的农作物品种不断增多,从 2007 年仅有的玉米、水稻、小麦、大豆、棉花和能繁母猪 6 个种类,扩大至 2017 年的 15 个种类,包括种、养、林三个大类。中央财政提供的农业保险补贴的覆盖区域也逐步从试点区域扩大至全国范围。

（四）保险的经济补偿作用得到有效发挥

保险的基本职能之一就是经济补偿职能,即组织补偿基金并对灾害损失进行补偿。我国农业保险发挥了保险的这一职能。2017 年,我国农业保险向 4737.14 万户次的贫困户和受灾农户支付赔款 334.49 亿元,同比增长了 11.79%。保险赔款支出超过农作物直接经济损失的 10%,是国家农业灾害救助资金的 10 倍。农业保险赔款已成为投保农民在灾后满足基本生活需求以及恢复再生产的最重要的资金来源之一。2016 年的南方特大洪涝灾害中,受灾农户从保险公司获得赔款 70 亿元。2011 年海南省"纳沙"强台风灾害中,种植橡胶的农场和农户因为投保了橡胶保险,从保险公司获得赔款 9600 多万元。这些保险赔款对灾区迅速恢复农业生产起到了积极的作用。

（五）农业保险市场逐步发育壮大

2007 年农业保险保费补贴政策实施以来,我国农业保险迅猛发展。现业务规模已跃居世界前列,成为全球最重要、最活跃的农业保险市场之一。截至 2017 年,经营农业保险的保险公司共有 34 家,其中包括 32 家中资保险公司、1 家国外独资保险公司和 1 家中外合资保险公司。粮食生产大省基本上都有 2 家以上农业保险经营机构。此外,还有中国渔业互保协会,广东、江苏、浙江等省的渔业互保协会,湖北省和陕西省创立的农机安全协会等提供特殊农业保险业务服务。目前我国已经完成了农业保险供给体制的基本布局。

（六）农业保险法律政策框架体系基本形成

农业保险是对农业风险进行有效管理的手段之一，是国家扶持农业发展的方式之一。历年来中央一号文件都聚焦"三农"问题，其中有多个对政策性农业保险发展提出明确要求，相关部门据此制定了相应的政策和措施。2013 年 3 月，我国实施了农业保险的第一部法律《农业保险条例》；2014 年 8 月，国务院发布《国务院关于加快发展现代保险服务业的若干意见》；2017 年 1 月，提高财政补贴农险资金使用效益的《中央财政农业保险保险费补贴管理办法》实施。我国农业保险的制度框架和运行机制初步建立。

（七）农业保险基础建设得到加强

目前，农业保险开办区域已覆盖全国所有省份，绝大多数省份有 3 家以上农业保险经办机构。全国已建成基层服务网点 2 万多个，有保险协办员 40 余万人，保险服务乡镇覆盖率达 95%。农业保险巨灾风险准备金余额不断增加，农业保险再保险共同体的承保能力不断提升，巨灾风险分散机制初具雏形。

二、我国农业保险发展中尚需改进之处

我国农业保险虽然发展迅猛，但仍然处于不断完善的阶段，不可避免地存在着一些问题。

（一）农业保险保障水平过低，产品缺乏灵活性

我国农业保险对种植业进行补贴，保额是根据保险标的在生长期内所发生的直接物化成本来确定的，可是由此确定的保额却远远低于农民从事农业生产的实际成本。以小麦为例，一亩地的生产成本在 500—600 元，由于地区差异，人工成本以及地租还没有计算在内。但是山东淄博小麦 15 元/亩的保费对应的保额仅为 375 元/亩，保障水平过低，一旦受灾，没办法弥补农户的实际损失。我国疆域辽阔，各地区气候差异明显，地理条件、农业产业结构也不同，这就要求农业保险产品按需经营，价格差异化。然而部分经营主体并没有因地制宜发展符合当地情况的险种、费率，而是"一刀切"式地供给产品，无法达到农业经营中实际所需要的保障水平，更不能满足投保人的多样化需求。

（二）联动的农业保险机制使中央财政补贴难以落实

中央财政补贴与省级财政补贴实行联动是当前我国农业保险在保险补贴方面的操作规则，只有省级财政支付了省级应承担的保费补贴后，中央财政才会支付中央应承担的保费补贴。倘若省级财政不能及时支付应承担的保费补贴，就

没办法得到中央财政的保费补贴。地方财政困难的农业大省,虽然有强烈的保险需求,也会因为省级财政补贴难以落实,得不到中央财政保费补贴的资金支持。联动的农业保险机制使中央财政补贴难以得到切实有效的落实。

(三)承保后的理赔机制薄弱

我国农业保险理赔程序烦琐复杂。在现场勘查的环节中,保险公司需要与农业、气象、财政等多部门进行合作勘查。农业受灾后勘查面积大,工作量较大,现场勘查本就困难,再加上需要与多部门合作、公示时间较长等,导致理赔时间拉长,过程烦琐,保险公司在确定理赔范围及金额时不能高效精准地计算所需赔偿金额,损失发生时不能第一时间赶到现场,或到达现场后也只能大体估算损失金额。农户和保险公司在损失程度、损失数量及应赔损失金额上各执一词,双方会争执不下。这样一来,损失补偿金额落实到农户身上时距灾害的发生已经有漫长的时间,农户无法及时获得赔偿。

(四)巨灾风险分散机制尚不完善

农业保险不能解决巨灾风险的问题,由于水涝、干旱等巨灾风险事故的发生频率较高,风险单位较大,农业保险的经营风险比一般财产保险的经营风险要大,很容易发生系统性风险,因此,农业保险要有比一般财产保险更加完善的巨灾风险分散的制度安排。我国农业巨灾风险分散机制主要是通过再保险和巨灾风险准备金来转移分散风险的。再保险通过分出业务的方式分散了风险,但是巨灾风险事故发生后,保险公司都会遭受巨大的打击。巨灾风险准备金一旦无法满足巨灾风险理赔的需求,对政府、农户而言,损失都是巨大的。我国实行政策性农业保险以来,尽管还没有遇到很大的和范围较广的灾害,但是局部地区也发生过较大自然灾害,从而导致保险公司赔付困难。而无论从公司层面还是政府层面来说,除了少数省份外,大多还缺少完善的巨灾风险分散的制度安排。如果不能很好地解决巨灾风险分散机制问题,投保农民的利益将无法得到切实保障。

三、加快我国农业保险改革和创新的建议

我国政策性农业保险面临难得的历史发展机遇,同时在快速发展过程中也遇到了一些新问题。解决这些问题,根本出路在于大力推进农业保险改革和创新。大力推进农业保险改革和创新势在必行。

(一)建立健全农业保险政策体系

我国实行政策性农业保险,应该建立起长期的、制度化的农业保险综合政策

体系,而不仅仅是出台政府补贴保费这样的单个政策。这就需要在坚持和强化保费补贴政策的同时,健全包括市场准入审核、经费补助水平、税费优惠标准、信贷支持程度等在内的配套政策,支持基层保险服务体系建设,扶持跨地区再保险发展,增强巨灾防范能力。

（二）完善与创新农业保险产品

完善现有农业保险产品,稳步提高农业保险的风险保障水平;开发新的农业保险产品,满足农户多样化的保险需求。一是扩大风险保障范围。除了生长期内发生的全部直接物化成本外,还应将土地租金、人工成本、机械作业服务费用等全部成本纳入保障范围。二是提供多种档次的风险保障。在国家和地方支持的农业保险品种范围内创新和细化保险产品,促进保险服务从单一产品向多品种、多档次转变,实行差别化补贴,增加农民的选择自主权。三是开办具有区域特色和优势的农产品保险品种。中央财政保费补贴的重点放在保证国家粮食安全和重要农产品的供给上,鼓励地方创设具有区域特色和优势的农产品保险品种。

（三）调整农业保险保费补贴分摊办法

农作物的主产区和主销区面对的风险和问题完全不同,因此应建立和实行不同的保费补贴标准,进而逐步降低或取消对粮食主销区的财政补贴,同时提高对粮食主产区的财政补贴。财政困难的粮食主产区需要从粮食风险基金中列支保费。另外,在中央财政和省级财政对农业保险提供保费补贴之外,各省也同时要求大部分市、县的财政提供配套补贴,这就造成多个以农业生产为重点的粮食主产区的地方政府财政负担过重,进而成为阻碍农业保险覆盖面扩大的瓶颈。在中央财政或者省级财政有能力有条件承担的前提下,可适度降低或取消市、县级政府的补贴比例,使补贴政策更合理、更可行和更有效。

（四）建立科学、合理的理赔机制

农业保险的有效实施与落地,需要在农村做长期、大量的工作,无论是在农业保险的宣传上、业务办理的相关培训上还是在防灾防损上。政府职能部门与保险机构需要共同努力,构建面向基层的农业保险协调小组,通过配置专职干部、镇乡一级的保险办理员、保险公司技术服务人员等打造完善的农业保险队伍,并注重查勘、理赔、服务等业务能力的提升。

（五）简化农业保险经办手续

我国农业多采取一家一户的小规模经营方式,保险行业通用的冗长繁杂的合同条款在农业保险推进过程中较难被农户适应和接纳,急需更为简单明了、通俗易懂的农业保险推广材料。当前是农业保险市场培育的关键阶段,要让农户认识到参与农业保险的重要性,充分利用互联网与先进的科学技术,实现手机在线投保,出险报案后有专人协助理赔,降低保险机构的签约成本,促进农业保险市场成熟度的提升。

(六)健全农业巨灾风险分散机制

我国幅员辽阔,各地区的自然条件、气候差异造就了特有的多区域特色农作物耕作的现象。从全国范围内看,基本上没有全域的重大自然灾害,但是不同区域、特定年季内,却存在各种不同的农业风险。可以建立在政府支持下的全国范围内的农业巨灾风险分散机制来应对来自不同时间和区域的不同风险。农业巨灾风险互助基金的资金应由经办农业保险业务的保险机构从其每年所收取保费中按一定的比例提取注入。国家财政在互助基金创立初期应给予一定的补贴,直至基金累积规模实现良性循环。互助基金的成立可以更有效地保障参与农业保险的农户的保险权益,最终构建起可应对跨越区域、跨越年季的农业巨灾风险分散机制。

【参考文献】

[1] 杨孟著.守正创新 推动农业保险高质量发展[N].中国保险报,2019-06-20(8).

[2] 董捷,杨爽,崔晏霖.我国农业保险现存问题及科技创新对策研究[J].保险职业学院学报,2019,33(1).

[3] 徐婷婷,荣幸.改革开放四十年:中国农业保险制度的变迁与创新——历史进程、成就及经验[J].农业经济问题,2018(12).

丽水农村金融改革"三权"抵押贷款相关对策研究

——以龙泉农信联社为例①

俞 滨②

内容摘要:2012 年,丽水启动了"自下而上"的农村金融改革。实践证明,以龙泉农信联社为代表的金融机构所推出的"三权"抵押贷款在丽水农村金融改革创新实践中取得了显著的成效,对丽水地方经济的发展做出了突出贡献,它的很多有益的探索与实践,也对全国地方农村金融改革具有重要的借鉴意义。但经过几年的运行,在实践中也积累了一些问题,面临一些困境。本文在实地调研与细致分析后,对此进行了归纳总结,并提出了相应的对策建议。

关键词:"三权"抵押贷款 农村金融 丽水模式 精准扶贫

一、引言

2012 年,中国人民银行和浙江省政府联合发布《关于在浙江省丽水市开展农村金融改革试点工作的通知》(银发〔2012〕82 号),在丽水市正式推动农村金融改革试点工作。该项改革试点,被时任全国政协副主席、中国人民银行行长周小川列为中国"十大自下而上的金融改革"之一。实践证明以龙泉农信联社为代表的金融机构所推出的"三权"抵押贷款在丽水农村金融改革创新实践中取得了显著的成效,有必要对其成功经验进行提炼、总结,这对进一步推动丽水农村金融改革意义重大,丽水模式也对全国地方农村金融改革具有重大的借鉴意义。在实践探索中,丽水农村金融改革形成了一系列富有成效的经验做法,但也面临

---

① 浙江省金融教育基金会 2016 年度资助课题(项目编号:2016Y20);课题组成员:俞滨,凌海波,张静,周冲冲。

② 作者简介:俞滨,男,(1985—),浙江金融职业学院金融管理学院副教授,经济师,主要研究方向:农村金融、小微金融。

一些问题与挑战,需对此进行进一步深入研究并提出相关对策建议。

二、龙泉农信联社积极推进"三权"抵押贷款

所谓"三权"抵押贷款是指林权、农房财产权、农村土地经营权抵押贷款。龙泉农信联社通过积极推进"三权"抵押贷款取得了显著成效。截至 2014 年 2 月 28 日,龙泉农信联社各项存款余额 38.06 亿元,比年初新增 8.53 亿元;各项贷款余额 24.50 亿元,比年初新增 2.29 亿元,其中涉农贷款余额 21.66 亿元,比年初新增 2.22 亿元,小微企业贷款余额 8.72 亿元,比年初新增 0.81 亿元,个人经营性贷款余额 13.87 亿元,比年初新增 1.87 亿元,贷款增幅均居丽水农信系统第一位。

(一)"三权"抵押贷款主要做法

1.组建村级担保合作社,推进农村"三权"抵押贷款

一直以来,缺乏有效抵押物是农民贷款的瓶颈,而农村产权权能不完整、流转不开放,也一直是人们在深化农村改革中企盼突破的问题。龙泉农信联社牵头成立的惠农担保合作社由当地村民共同出资 60 万元组建,是拥有独立法人资格的村级经济组织。担保合作社对村内农户的山林、土地、房屋进行价值评估,如村民需要贷款,将相关证件抵押至担保合作社,担保合作社审核同意并签署意见后,村民可以直接去信用社申请贷款,不需要再提供担保。贷款实行最优惠利率,贷款利率比同类贷款少上浮 68%。这一模式在村级农户和金融机构之间搭建了一个简便的流转平台,极大地盘活了农户资源资产,解决了农民"守着金饭碗要饭吃"的尴尬局面。在"三权"抵押贷款试点启动仪式上,当天即办理了农户以林权证抵押的贷款 7 笔,金额 60 万元。

2.建立林地经营权流转证制度,破解林权抵押贷款瓶颈

2013 年,龙泉市出台了《龙泉市林地经营权流转证登记管理办法(试行)》,明确了将林地经营权流转证(承包权)作为林地流转关系和权益的有效凭证,完成了林权抵押、林木采伐和其他行政审批等事项中林地的权益转移,为维护林地流转当事人的合法权益提供了法律保障。这一办法解决了林权权属证明难题。龙泉农信联社迅速跟进,与当地林业部门全面签署合作协议,创新林地经营流转证抵押贷款,明确林业经营主体可以用林地经营流转证直接抵押获得贷款。这种创新的贷款方式为当地林业经济发展提供了新的动力,促进了林业产业向规模化、专业化和标准化方向发展。

3.通过"三权"抵押贷款的实施,加强农户信用观念,提高农户信用质量

以龙泉农信联社为代表的金融机构通过"三权"抵押贷款的实施,使得丽水市农户的信用观念得到加强,农户的信用质量得到明显提高。截至 2013 年末,全市信用社共收回不良贷款共计 684.8 万元;32 个合作村累计发放贷款 730 笔,金额 9533 万元,年末贷款余额 7066.07 万元,新增贷款 2469.56 万元,增长 54.61%,高于全部贷款增速 32.06 个百分点。参与农村信用等级评价的成员中有村两委主要领导和村农信协管员,他们扎根农村,和农户有着长期的交往,解决了长期困扰金融机构的与农户信息不对称的难题。同时,进一步降低了信贷管理成本,提高了贷款发放效率,增强了支农力度,大大改善了农户的信用质量。

4.以"三权"抵押贷款为突破口,全面提高小微企业服务水平

龙泉农信联社始终把小微企业金融业务作为战略重点,借助贷款授信、创新产品、成立服务机构等渠道,为小微企业解决融资问题,助推企业发展壮大,成为企业成长路上的好伙伴。

(1)坚持管理创新,优化服务机制。一是简化贷款审批流程,提高办贷效率,缩短客户续贷时间,旨在转变客户经理办贷习惯,提前介入调查审批环节,实现客户满意和增加收益双赢的效果。二是发扬背包精神,让金融服务深入田间地头车间。为促使客户经理走近客户、加深联络,联社规定农村网点客户经理每周必须有四个晚上留守网点走村入户,杜绝信贷人员"走读"行为,使他们沉下心来,做实做好农村市场,全面提升支农服务水平。

(2)推出"龙信宝"无缝对接续贷款。为减轻小微企业转贷筹资压力,降低企业转贷成本,减少企业依靠民间融资解决转贷资金问题,联社推出"龙信宝"无缝对接贷款,即企业对到期贷款无须还款即实行续贷,大大缓解了企业的还贷筹资压力。联社对存量小微企业贷款采用名单式管理,将符合准入条件的资质良好的 71 家小微企业列入产品名单,贷款金额 2.66 亿元,占全部企业贷款总额的 41.3%。

(3)推出"龙易贷"纯信用贷款。对涉农企业和小额农户贷款采用纯信用方式,不需要任何担保,只要信誉良好、生产经营正常,有正常的结算量,就可申请"龙易贷"信用贷款。为提高审批效率,联社对基层网点给予了充分的审批授权,缩短了审批流程。截至 2014 年 2 月底,共计发放小额信用贷款 1359 户,金额 15069 万元,小微企业信用贷款 4 笔,金额 24 万元。经综合评审,42 家小微企业可以申请信用贷款,金额为 1955 万元,单户额度最高可达 250 万元。

（二）"三权"抵押贷款业务特点

（1）坚持制度先行，注重规范推进。始终坚持制度先行，认真总结经验，建立包含确权发证、抵押登记、业务管理、处置流转、债权保护、配套政策等 6 个方面的政策体系，并在实施过程中及时予以调整完善。同时，按照先点后面、先易后难的原则，对难度大、风险大的工作，先试点再推广，不求改革速度，把改革的风险降到最低。

（2）坚持务实创新，注重因地制宜。在推进"三权"抵押贷款工作中，始终坚持因地制宜、务实创新的思路和方法。针对丽水林木资源丰富、农民人均林地面积达到 10 亩、人均森林蓄积量达到 32 立方米的实际，结合林权抵押价值大、法律限制相对较少的条件，率先以林权抵押贷款破题，取得成功后再推行了农房和土地承包经营权抵押贷款。针对"九山半水半分田"、农户人均耕地面积少的实际，以农业大户、专业合作社为重点，创新设计了农地流转经营权抵押贷款模式，实现了农村土地承包权和经营权的分离。

（3）坚持守牢底线，注重风险防控。在推进"三权"抵押贷款创新过程中，始终坚持风险可控这一前提，既牢牢把握政策红线，又注重金融风险防控。例如：明确规定农房抵押权人为金融机构或担保机构，防止农村房屋变相买卖；限定贷款抵押率、规定抵押的农地不得改变农业用途等，切实防范农民权益受到侵害的风险；对抵押农房的处置，设计了流转变现、村集体担保回购、征收为国有等多种处置途径，尽可能降低法律风险。

三、丽水农村金融改革创新实践及成效

从丽水农村金融改革试点正式批复实行开始，几年来以"三权"抵押贷款为代表的丽水农村金融改革创新实践取得了突出的成效。截至 2014 年 6 月末，全市"三权"抵押贷款余额已达 49.76 亿元，其中林权抵押贷款平均每笔金额达 11.5 万元，农房抵押贷款平均每笔达 33 万元，土地流转经营权抵押贷款平均每笔金额达 85 万元。

（一）丽水农村金融改革探索实践

1. 以"三权"抵押贷款盘活农村资源

丽水素有"浙南林海"之称，全市森林覆盖率达 80.79%，山林面积 2151 万亩，占全省的四分之一，林木蓄积量占全省的三分之一。如果按每亩价值 1000 元计算，通过林权抵押贷款可盘活森林资源资产 210 多亿元，这将从根本上满足丽水地方经济发展的资金需求。2006 年以来，丽水立足自身实际，在全市推进

以林权抵押贷款为核心环节的集体林权制度改革。一是多平台建设,在全市 9 个县(市、区)建立起市、县两级林权管理中心、森林资源收储中心、林权交易中心和森林资源调查评估机构,全面推广"林权 IC 卡"制度,初步建立起了林业产权交易市场体系;二是多品种覆盖,在省内创新推出了林农小额循环贷款、林权直接抵押贷款、森林资源收储中心担保贷款三种主要林权抵押贷款模式,以满足农林业产业化发展过程中不同层次和不同主体的资金需求;三是多机构参与,通过推行森林政策性保险、财政贴息、风险补偿、再贷款支持等政策,充分调动了各金融机构参与林权抵押贷款的积极性。经过几年来的探索与实践,丽水市在全国范围内形成了"机制最健全、运作最规范、品种最齐全、受惠最广泛"的林权抵押贷款"丽水模式"。截至 2012 年 9 月末,全市已累计发放林权抵押贷款 8.21 万笔,金额 61.84 亿元,贷款余额 29.29 亿元。

2. 以"三权"抵押贷款带动农民信用提升

自 2009 年开始,丽水积极构建信用评价体系,采取"政府支持、人行主导、多方参与、共同受益"的模式,加强农民信用观念,改善农民信用质量。全市共抽调 1.73 万名机关人员、乡镇干部和村干部组成 3453 个农户信息采集小组、198 个农户信用评价小组和 3 个业务指导小组,开展农户信用信息采集工作。采取"三联评"(即资产价值评估、信用等级评价、授信额度评定)、"三联动"(即信用贷款、抵押贷款、联保贷款),"三联手"(即政府、银行、农户)的"三三制",使农村信用体系初步建成并运行良好。至 2011 年末,全市行政村信用评价面达到 100%,农户信用评价面达到 92%,创建信用村 740 个、信用乡镇 28 个、信用社区 11 个;评定信用农户 32.63 万户,其中有 32.01 万信用农户获得了金融机构 92.04 亿元授信,有效解决了农民"贷款难"问题。同时,这也大大改善了农村的信用生态环境,丽水市被国务院发展研究中心等单位联合评定为第二批中国金融生态城市。

3. 以"三权"抵押贷款延伸农业服务

针对农村金融网点少、农民"取现难"的问题,丽水作为全国农村金融改革试点城市于 2010 年 7 月创新开展银行卡助农取款服务工作。按照"政府支持、人行指导、涉农银行机构分片负责、相关部门共同参与"的原则,在农村便利店设立服务点,布放专用 POS 机,让广大农民就近支取基础养老金等各种涉农补贴资金,满足农村最广泛、最迫切、最基本的支付服务需求,并在全市农村推行补贴发放、小额取现、代理转账和缴费业务"一卡通"。全市有 2114 个行政村设立了服务点,完成了对所有行政村(不含城中村、镇中村)的全覆盖,实现了小额取现"不出村、零收费、无风险"。截至 2012 年 9 月末,全市已累计办理小额取现 48.26

万笔,金额 9291.66 万元,代理转账 4162 笔,金额 98.68 万元。助农取款服务以最低的成本、最有效的办法、最便捷的方式将金融服务网络延伸到最基层农村,切实解决了广大农民尤其是偏远地区农民的"取现难、存款难、缴费难"等最基本的金融服务问题,还节省了农户频繁往返乡镇或县城银行网点的时间成本和交通费用,全市每年可节省交通费 7200 万元、误工费 4400 万元。

4.以"三权"抵押贷款拓展涉农平台

通过开展农房抵押贷款、茶园抵押贷款、石雕抵押贷款、香菇仓单质押贷款等金融产品创新,有效拓宽了农民的融资渠道,大力支持广大农民创业发展。丽水还在全国率先建立起由当地人民银行管理的市、县两级事业单位性质的金融服务中心,由地方政府列出编制 30 余名并实行全额财政拨款,搭建起可持续的金融支农服务平台。

(二)丽水农村金融改革显著成效

1.建成了农村金融发展长效机制

作为我国农村金融改革的重要试行区域和我国农村金融改革的核心示范区域之一,丽水在进行农村金融改革的时候首先注重对农村金融发展的长效机制进行构建。相比之前的农村金融改革,这一机制的构建具有较强的自身特点。例如丽水在构建农村金融发展的长效机制时注重遵循相应的"八大体系",这"八大体系"分别涉及丽水的农村金融组织、农村金融产品、金融惠农政策、农村金融市场、农村金融信用、金融服务平台、农村支付服务体系以及农村金融生态体系。

2.夯实了农村金融改革运行基础

夯实农村金融改革运行基础对于丽水农村金融改革的重要性是不言而喻的。我国改革开放以来,在发展农村经济的过程中,农村金融基础的重要性就一直被人们所熟知,并且随着丽水当地农村金融市场的持续扩张和对农村金融基础的进一步夯实,丽水的农村金融市场显得更加健康、更加稳定。

3.提升了农村金融服务水平

提升农村金融服务水平是丽水农村金融改革措施的核心要素之一。众所周知,丽水之所以能够成为我国农村金融改革的实验区域之一就是因为丽水的农村金融服务水平较高。因此在这一前提下,丽水为了更好地对自身的优势进行发挥,需要进一步地提升自身的农村金融服务水平。即在发展农村金融的过程中对自身的农村金融服务水平进行提升,从而在完善农村金融服务体系和建设农村金融基础设施等领域得到全新的发展,并且能够有效地破解丽水农村金融发展过程中存在的瓶颈。

4.打造了惠民利民金融工程

打造惠民利民金融工程是丽水发展农村金融的重要内容。由于丽水自身是经济发达省份中的欠发达地区,同时也是全国闻名的农业大市,这使得打造惠民利民金融工程成为促进丽水农村金融体系发展的重要突破口。除此之外,打造惠民利民的金融工程还有助于解决丽水当地"三农"资金需求大并且融资难的问题。与此同时,城乡差距大和普惠难等之前一直困扰丽水农村金融发展的难题也会随之破解,从而促进丽水农村金融整体水平的有效提升。

经过不懈努力,丽水在以上四方面的显著成效,为深化农村金融改革创新奠定了坚实基础,也为丽水开展全国农村金融改革试点工作积累了智慧与经验。

四、丽水农村金融改革困境及对策建议

(一)丽水农村金融改革面临困境

"三权"抵押贷款作为一种以农村产权为基础的金融创新产品,由于农村产权改革滞后,在发展过程中不可避免地会遇到很多问题。主要表现在以下四个方面。

1.农村产权抵押仍面临法律障碍

(1)农村产权抵押面临法律障碍。

依照现行法律,农村耕地、宅基地等集体所有的土地使用权不得抵押,抵押权有效性得不到保障。

(2)农村产权流转面临限制。

现行法规规定宅基地只能在本村村民之间流转,禁止城镇居民购买农村宅基地,加上农户"一户一宅"限制,农房流转变现能力较差,影响农房抵押融资业务创新。尽管党的十八届三中全会已经明确允许农村土地承包经营权、农房财产权抵押,但相关法律法规的修订仍需要一个过程。此外,设定林地、耕地流转经营权抵押也缺乏充分法律保障,流入方的土地经营权基于流转合同取得,经营权的独立性、完整性相对不足。

(3)土地流转经营权抵押期限过短。

《中华人民共和国农村土地承包法》规定,耕地的承包期为30年。流转合同期限不能超过承包期,直接限制了农地流转经营权抵押价值。

2.农村产权确权发证工作滞后

由于农村产权权属界定难、历史因素复杂,存在违章违建、农户主动申请发证的意识不强等原因,农村产权确权发证工作滞后,制约了农房抵押贷款业务的

开展。

3."三权"抵押物价值评估和处置变现存在困难

山林、农地、农房由于各自的财产等级、交通区位、用途管制等因素,价值差异极大。对"三权"的抵押物价值评估既缺乏统一的评估标准,也缺乏权威的专业评估机构和市场交易价格的参照。同时,"三权"抵押物处置存在变现难、变现成本高的问题,制约了"三权"抵押贷款业务发展。

4.担保机构发展还存在准入门槛高、与金融机构合作限制严等制约

一方面,融资性担保机构准入门槛高。2012 年 6 月出台的《关于进一步促进融资性担保行业规范健康发展的意见》(浙政办发〔2012〕62 号)第 16 条规定,新设融资性担保机构注册资本金应在 1 亿元以上,欠发达地区可适当降低,但不得低于 5000 万元。另一方面,融资性担保机构与金融机构合作面临限制。2013 年 5 月发布的《中国银监会办公厅关于防范外部风险传染的通知》(银监办发〔2013〕131 号)指出,银行业金融机构应对小贷公司、融资性担保机构实行名单制管理,由总行统一确定合作机构准入标准。

(二)丽水农村金融改革对策建议

1.推进农村产权改革,为"三权"抵押贷款提供基础

利用丽水农村金融改革试点优势,建议适时修订农村产权相关规定,放宽试点区域内法律对农地农房抵押、流转的限制,如允许宅基地随农房抵押一并进行登记,适当放宽农房抵押物的处置流转范围,对抵押物的过户不受"一户一宅"限制等。加快推进农村产权确权发证进度,加大确权发证工作力度,为"三权"抵押贷款等产权融资服务提供基础。

2.深化农村金融改革,为农村金融基础设施提供保障

深化农村金融改革试点工作,进一步建立健全农村金融组织,鼓励各银行机构向县域、乡镇延伸机构和业务,重点完善乡镇金融组织体系。建议放宽村镇银行、小额贷款公司、农村资金互助社等新型农村金融组织限制,推动已开业的村镇银行向下延伸机构网点。推进农民信用合作,大力发展农村融资互助组织,在有条件的农民专业合作社和村集体经济合作社内,积极稳妥地组建村级互助担保基金。

3.强化金融服务机制,为欠发达地区乡村振兴创造条件

建议各级政府在加大欠发达地区资金投入的同时,更加注重资源整合,增强金融辐射功能,深化政银合作,创新"政府＋金融机构＋农户"模式,推广龙泉农信联社"三权"抵押贷款试点成功经验,通过设立政策性担保基金、担保合作社等

方式,为低收入农户贷款提供担保,放大财政资金杠杆作用,完善金融服务机制,有效促进农村地区和农户自我发展,增强农村地区"造血"功能。

4.完善农村信用体系建设,为农村金融生态创造环境

丽水市农村信用体系建设,经过数年来的积累与完善,越来越成为重要的农村金融基础性平台和非涉农金融机构进入农村金融市场的"高速公路",并且日益显现其参与社会管理、提升乡村文明程度的独特价值,发挥"社会稳定器"作用。下一步,要深化农村信用体系建设成果应用,做好农户基础信用信息数据采集更新工作,继续积极推进"信用户、信用村、信用乡(镇)、信用县"创建,加强银政合作,扩大农户信息采集范围,真正使农村信用体系建设工程在农村金融改革中发挥更大作用,为全省乃至全国农村金融改革提供丽水方案。

【参考文献】

[1]巴曙松.将小微金融发展作为下一步金融改革的重点[J].西南金融,2012(6).

[2]汤春玉.推进丽水农村金融改革试点的路径选择[J].上海金融,2013(1).

[3]钭利珍,梅继承,袁云峰,等."丽水模式":农村金融普惠扶贫的实践与探索[J].浙江金融,2015(3).

[4]温从杨,周祖华."三权"抵押圆农民致富梦[N].农村金融时报,2014-12-29(11).

[5]孔祖根.农村"三权"抵押贷款的实践与思考:以浙江丽水农村金融改革试点为例[J].浙江金融,2014(12).

[6]张新.丽水市农村金融改革的实践及启示[J].时代金融,2014(7).

[7]叶银龙.农村信用体系建设、信用成果运用与信贷模式创新:以浙江丽水农村金融改革试点为例[J].农村金融,2016(3).

新昌县"互联网＋"视阈下基础金融不出村服务体系现状及发展方向[①]

周　遂[②]

内容摘要：国务院印发的 2019 年中央一号文件《中共中央 国务院关于坚持农业农村优先发展做好"三农"工作的若干意见》中科学研判"三农"形势，聚焦"三农"发展，完成系统部署的"三农"的硬任务。本文以浙江省新昌县为代表，通过对村民的问卷调查和走访调研，全面剖析新昌县"互联网＋"视阈下基础金融不出村服务体系的现状和发展方向。研究发现，新昌县基层金融机构通过深入推进基础金融不出村建设，使得村民对于惠民金融服务和整村授信等基础金融服务体系有了更深的了解和认可，便利村民的同时也使乡村经济得到了一定的发展。实践证明，新昌县基础金融不出村金融服务体系的建设和应用值得肯定和推广。

关键词：互联网＋　基础金融不出村　整村授信　新昌县

一、引言

自改革开放以来，为适应不断增长的农村经济和不断发展的金融市场，农村金融体制改革也在不断深化。同时，村民对基础金融服务和金融产品的要求不断提高。随着中国经济的快速发展，农村金融发展与农村经济发展不相适应，城乡差距问题也越来越明显。总体而言，传统的农村金融服务体系已经满足不了当下村民对金融服务的需求。

---

①　浙江省金融教育基金会 2018 年度资助课题（项目编号：2018Y24）。课题负责人：周遂；课题组成员：金恩芳、吴诗怡。
②　作者简介：周遂，男，（1992— ），浙江金融职业学院组织部教师，主要研究方向：思想政治教育。

现阶段,农村金融正在进行深化改革,广大农村群众足不出户就能够享受金融服务,大大改善了农村金融服务"最后一公里"的现状,满足了村民对基础金融服务的需求。但是由于城乡发展的维度和速度不同,基础金融不出村建设也面临着一定的挑战。

"互联网+"是采用互联网的平台、信息通信技术把互联网和包括传统行业在内的各行各业深度融合,进而创造出的一种新的经济形态。它充分发挥互联网在生产要素配置中的优化和集成作用。所以"互联网+"被认为是创新 2.0 下的互联网发展新业态,是知识社会创新 2.0 推动下的经济社会发展新形态。通过互联网,村民了解了更多的金融知识,享受了更多的快捷、便利的金融服务,基础金融不出村体系建设也在不断增强,这对推动新农村建设有着积极作用,更对繁荣农村经济、实现城乡和谐发展有着重大意义。

二、调研背景与意义

(一)研究背景

农业农村农民问题是关系国计民生的根本性问题。没有农业农村的现代化,就没有国家的现代化。当前,我国发展不平衡不充分问题在乡村最为突出。实施乡村振兴战略,是解决人民日益增长的美好生活需要和不平衡不充分的发展之间的矛盾的必然要求,是实现"两个一百年"奋斗目标的必然要求,是实现全体人民共同富裕的必然要求[①]。

(二)研究现状综述

2017 年以来,关于"互联网+"视阈下的基础金融不出村的言论层出不穷,新兴的研究理论也在不断地更新与运用,不同方面的学者对其有着不同的态度与见解。

赵凌在《我国农村金融面临的困境与改革路径分析》[②]中认为,我国农村金融结构体系不成熟。一是农村金融环境建设问题,二是服务需求问题,三是市场趋势问题。朱冬青在《我国农村金融体系发展的现状研究》[③]一文中提到,农村金融体系的发展与当前农村经济的发展需求还存在一定的差距,主要有农村金融体系发展存在地区不平衡性、资金外流现象严重、普遍贷款难、农村金融服务相对

① 孙兆伦.共同富裕目标下收入合理分配问题研究[D].杭州:浙江理工大学,2014.
② 赵凌.我国农村金融面临的困境与改革路径分析[J].农村实用技术,2018(7).
③ 朱冬青.我国农村金融体系发展的现状研究[J].现代经济信息,2018(13).

单一等问题。贺云在《农村金融发展与农村经济发展的相关性研究》[①]一文中浅析了农村金融在农村经济中的地位,并分析了经济发展中遇到的瓶颈、农村金融发展中遇到的瓶颈。笔者通过一系列的理论分析,总结出一些较好的建议,即政府和金融机构要建立合理科学的金融机制,加大信贷力度管理,增强扶持力度,加快技术改革,提升综合服务的能力。

各种言论分析,都涉及了农村金融的发展现状,还有如何加快农村金融发展的对策。但都没有深入研究以农民为主体的基础金融建设的可行性。本文旨在研究分析"互联网+"视阈下基础金融不出村体系建设的可能性,着重以农村基础金融服务体系的主体之一——农民为切入点,深层次剖析"互联网+"视阈下基础金融不出村体系建设与传统的金融服务体系建设的不同和联系,发现其中的不足,以改善农村的金融体系,更好地服务广大农民,为农村创造更优质的金融环境。

(三)现实意义

在大数据时代,完善基础金融不出村的金融服务体系有利于让更多的村民了解到金融知识,使其生活更加便利。新昌县为了实现基础金融不出村,正大力构建丰收驿站和各服务网点。这些服务网点可以让村民实现基本的存取款、转账、查询信息,也可以进行简单的理财购买、贷款发放、短信签约、水电费缴纳、交通罚款缴费等一般业务。另外,基础金融不出村能为农村经济带来更好的发展前景,为村民提供更好更安全的资金来源。总的来说,实现基础金融不出村能让村民在发展农村经济时得到更多更好的资源,方便村民办理基础金融业务,让村民的生活更加便捷,减少了村民的时间、出行成本,让村民可以真正实现空起来、富起来。

三、新昌县基础金融不出村服务体系建立的可行性分析

(一)经济条件

据绍兴市统计局初步核算,2018年新昌实现生产总值421.09亿元,按可比价计算比上年增长7.4%,增幅比上年减少0.2个百分点。其中第一产业增加值21.00亿元,增长1.9%;第二产业增加值200.08亿元,增长7.4%;第三产业增加值200.01亿元,增长7.9%。三次产业增加值结构由前一年的5.7∶48.4∶45.9调整为5.0∶47.5∶47.5。全县人均生产总值为96728元(按户籍人口计算)。

---

① 贺云.农村金融发展与农村经济发展的相关性研究[J].中国商论,2018(3).

2018年,全县财政总收入71.04亿元,比上年增长17.7%,其中公共财政预算收入41.88亿元,增长15.2%。财政收入占生产总值的比重为16.9%,比上年上升1.5个百分点。

除此之外,新昌县深入实施全民参保计划,健全社会救助体系,推进教育体制机制创新,加快构建现代公共文化服务体系,鼓励社会力量兴办文体、教育、健康、养老等社会事业。良好的经济基础是新昌县建设基础金融不出村服务体系的关键支撑,是新形势下基础金融不出村服务体系建设的重要保障。

(二)政策和制度保障

党的十九大报告中提出实施乡村振兴战略,农村农业农民问题在农村经济发展中占有重要的地位,解决好"三农"问题是党和国家工作中的重中之重。为了更好地服务"三农"的基层金融机构,为新农村建设提供服务,党中央提出要深化农村土地制度改革、发展与完善现代农业产业体系。长期以来,浙江农信系统以全面服务"三农"为宗旨,大力发展与支持农村经济,落实各种政策的实施,不断创新农村金融体制改革,提升农村金融服务的便捷性,促进乡村振兴大业的完成。

一直以来,政府与新昌农商银行通力合作。2006年新昌县政府制定出台了《关于加强金融服务"三农"发展的若干意见》。2008年,为了更好地服务新形势下的新农村建设,新昌县出台了关于深化金融服务新农村建设的实施意见[①],拓展了金融支农的力度和深度。一系列政府政策的支持,为新昌县农村基础金融的良好发展提供了条件。

长期以来,新昌农商银行坚持政府支持下"支农支小"的市场定位,积极支持中小企业发展和"三农"发展,不断完善服务机制,优化业务流程,以实际行动响应政府"最多跑一次"政策。不断完善小微企业服务机制;做精、做活普惠服务,使农户少跑腿,全力提高其金融服务满意度;做广、做多普惠渠道,将"最多跑一次"改革升级为"一次都不跑";加强督查,保证落实"最多跑一次"。

(三)人文现实条件

因农村地区交通不便,部分地区金融服务缺失,导致取款难等问题,基层金融机构需要更加关注农村金融服务"最后一公里"。自2013年起,新昌县积极开展普惠金融工程,在全县部分金融服务弱的中心村设置放心商店,目前已有244处,行政村覆盖面达58.79%,基本构建了基础金融不出村服务体系。

---

① 邵峰.均衡浙江:统筹城乡发展新举措[M].杭州:浙江人民出版社,2006.

故在"互联网＋"视阈下,构建基础金融不出村的服务体系是具有较为优良的效益的,不论是在历史条件、地理优势、经济条件还是政策保障方面都具有一定的基础。

四、新昌县基础金融不出村体系建设与运用情况调查

(一)调查背景和意义

"互联网＋"风潮席卷各个领域,渗透各个产业,也融入了人们的生活。"互联网＋"与各个传统行业相结合,充分发挥互联网在社会资源配置中的巨大作用,给人们的生产生活带来了极大的便利。新昌县也在"互联网＋"的影响下逐渐发展,新昌县的广大市民也深深感受到了"互联网＋"带来的极大便利。

新昌县积极推进普惠金融建设,探索并推进新型农村金融服务体系的转变,并且进行网络服务管理,全面推广网络化服务,全面与"互联网＋"相结合,建设"金融＋政务"丰收驿站,把金融服务融入百姓生活,促进完善农村基层服务网络。同时将"互联网＋"和众多便民工程相结合,助力"最多跑一次"。如升级便民服务站为丰收驿站,实现农民的水、电、通信、税务、医保等基础费用"足不出户"缴费;推出"互联网＋公交"全力助推新昌交通建设;推出"丰收互联"线上缴费,解决了市民缴费排长队的问题,切实解决百姓缴费之忧。整村授信也成了创新金融服务体系的重要组成部分,一方面通过大力推广小额信贷提高农户贷款获得率,另一方面在农户家里即完成客户信息采集、贷款资料收集、合同文本填写,农户无须为贷款而跑银行。"互联网＋"的嵌入,给新昌县的群众带来了诸多便利,解决了人们在生活中遇到的实际问题,将新昌推向一个更繁荣的发展阶段。

(二)调查方式与内容

1.调查方式

本次调研采用问卷与走访相结合的方式来收集资料,通过问卷来了解新昌村民的大体情况,再通过走访来深入了解农村村民对"互联网＋"和整村授信的切实感受。此次调研对象主要是新昌县的一些乡镇,我们对一些村落进行了走访,如南山村、联英村还有天姥新村等,在走访的过程中了解村民对"互联网＋"的真实想法。将走访和问卷相结合,我们因此能更有效地分析该体系的应用成果。

问卷调查在新昌一些人口密度较高的地方展开,从村民对新型金融 App 的了解程度、下载情况、使用频率、满意与否来展开问卷。此次调查共发放问卷

300份,通过对问卷的回收、甄别和整理,最后得到有效问卷283份,有效回收率为94.3%。涉及的年龄阶段也比较广泛,分别为20岁以下、20—30岁、31—45岁、46—65岁。整理发现,被调查者大多数在31—45岁这个年龄段。我们借助社会科学的数据软件进行统计和分析,采用制作成表格的方式对数据进行展现,对问卷数据进行分析,以此获取对研究结论的检验与支持,提高数据的分析效率。

2.调查内容

我们将成员分成两组。一组下乡走访,去了解村民对"互联网十"与基础金融不出村相结合的看法。另一组则在市区内的一些大型商场,对各个年龄段、各个行业的人进行问卷调查。然后把二者的调查结果结合,分析得出"互联网十"在基础金融不出村这个体系中的运用情况。

五、调查结果分析

为全面了解村民关于基础金融不出村的认知情况,研究小组从过去、现在、未来三个时态维度去分析村民对于丰收驿站、整村授信等基础金融不出村金融服务体系的态度变化,并依照已有数据对各类金融工具进行对比。

问卷显示,在村民对于基础金融不出村的了解程度上,8.3%的村民非常了解,58.6%的村民基本了解。而关于整村授信的普及程度,数据显示,9.2%的村民是非常熟悉的,53.6%的村民处于基本了解的状态。这两个问题向我们展示了村民对于基础金融不出村服务体系的了解程度,也说明新昌县基础金融不出村服务体系在一定程度上做到了普及化、大众化,成功走进了千万群众的内心,得到了大众的认可。问卷调查结果显示,在基础金融不出村体系建设前,村民办理金融业务多选择在距离较远的乡镇银行,少部分村民选择县城银行。他们普遍表示,等待时间过长、手续复杂烦琐影响他们的心情与积极性。我们由此得出基础金融不出村服务体系在乡村存在的必要性。

问卷结果显示,大部分村民是通过银行从业人员下乡推广这一渠道了解到基础金融不出村的,而其他途径例如村民相互推荐和网络宣传也都占据了一定比例,这个数据充分说明新昌地区的基层金融机构工作人员对于基础金融不出村金融服务体系的贯彻执行决心和强大的自信。同时有很大一部分村民对于开展的金融知识讲堂、反假币、防范诈骗活动进村宣传是抱有非常满意或满意的态度的,体现了新昌地区基层金融机构工作人员的认真负责,也展现了群众对于基础金融不出村金融服务体系的认可和欢迎。这些及时有效的宣传,吸引了广大村民学习各类金融知识,了解如何使用金融服务工具。

　　问卷调查结果显示,新昌地区积极开展基础金融不出村金融服务,进行整村授信,设立丰收驿站以及推出各类生活缴费与智慧出行方面的实用性工具,大力助推"最多跑一次"改革行动,率先打通会计师事务所、供销社等,叠加保险、税收等服务,齐力合作把村级便民服务中心打造成一个集中物流、现金流、信息流的农村新型综合服务平台。这些举措在村民的日常生活中得到了正面有效的反馈。多数村民认为基础金融不出村金融服务体系使得他们的生活十分方便,多数村民认为这些举措充分维护了人们日常经济生活的安全。一半以上的村民会选择丰收驿站进行日常用品的买卖,这些良好的反馈都源于新昌地区基层金融机构通力合作、大力宣传,使村民了解基础金融不出村新型金融服务,这不仅使这些金融工具获得了知名度,也促进和激发了地区金融创新和普及,形成良性循环,对于发展地区的农村经济有着巨大的现实意义。问卷结果显示,在进行村民对金融服务体系的评价调查方面,结果十分乐观,部分村民对于基础金融不出村金融服务体系达到了非常满意的状态,部分村民希望有更多工作人员进行现场指导。多数村民积极表示十分赞同并希望继续发展基础金融不出村金融服务体系。这些良好的数据充分说明了基础金融不出村金融服务体系对于改善村民金融生活的重要意义。不过鉴于该体系实行时间尚且较短,我们也需要放眼未来,关注村民未来的金融服务需求,以便做到更好地服务大众。

　　在整村授信方面,一半以上的村民认为自己在经济生活中十分需要贷款等相关业务,这显示出了村民对于资金的流动需求和运用意识在与日俱增,而部分村民认为基础的存贷汇业务还需要再细致化和全面化。想要充分激发农村发展的活力,必须确保其基础的金融服务到位、知识到位、工具到位。面对农村地区对于发展农村经济的迫切需要,新昌地区基层金融机构需要继续体察民情,根据群众的需求,制定更完善的基础金融不出村金融服务体系,同时不断变革和创新这一体系,达到与时俱进,紧跟时代步伐,促进新昌地区"三农"建设全面发展。

六、新昌县基础金融不出村服务体系建设的成果

(一)基础金融不出村服务体系模式

1.基础金融不出村服务体系为村民提供的具体服务

基础金融不出村服务体系主要分为丰收驿站的设立、整村授信的普及。

丰收驿站:丰收驿站除了能够帮助村民实现就近办理存取款、缴纳生活费、进行账户余额信息查询外,还能够帮助进行网购,实现交易,发展副食品行业。为了解决农村物流问题,新昌汽运公司与金融机构合作,打造集信息流、金融流、

实物流于一体的丰收驿站。长期以来,多功能、综合性的金融便民服务站,满足了民众对于便农利农的需求。

整村授信:为解决农村居民的贷款问题,加强基础金融建设,工作人员花费大量时间精力,摸底调查,集中授信,为农户提供了一条"绿色通道"。

2.基础金融不出村的模式(以新昌农商银行为例)

第一,新昌农商银行积极学习党的十九大精神,以服务村民为宗旨,帮助村民处理金融业务,进一步缩小城乡差距,努力实现共同富裕;第二,推出"金融管家"模板,在原先丰收驿站的基础上,与汽运公司、供销社、人力社保局、电力局等12家单位联合推出"17＋X＋N"的综合性、一站式"金融管家"服务,积极开展全县便民服务点建设,分类探索实施"固定代办点＋区域代办点＋流动代办点""三点"模式。

(二)农村居民对于丰富的基础金融产品的了解情况分析

在此次问卷调查的对象中,农民占比最大,工人其次。职业类型不同的人,对于基础金融不出村建设的了解情况也有差异。个体户普遍表示对基础金融不出村建设的了解程度较高,不少农民表示对基础金融不出村建设了解不够。对此,政府及银行可以加大对从事农业的农村人口的宣传力度,加深其对于基础金融不出村的了解程度。

(三)基础金融不出村服务体系提高了农民的生活收入与幸福程度

1.农民贷款便捷

农户贷款实行网格化管理,减少贷款手续。近几年,新昌县通过与银行等金融部门的深入合作,搭建普惠金融服务新平台,努力推进农房抵押贷款、农村土地承包经营权抵押贷款,解决农户融资难题。新昌农商银行落实全网格管理,根据归属地原则和就近原则,按行政区划、市场、产业聚集区等划分多维度的网格服务责任人,确定走访次数,并在网格显著位置公示网格责任人与信贷业务的受理、调查、授信、审批、放款等环节。除此之外,新昌农商银行还推出整村授信,在划分网格、落实网格管理员的基础上,利用八小时工作外时间持续推进整村授信批量签约,一方面通过大力推广小额信用贷款提高农户贷款获得率,另一方面在农户家里即完成客户信息的采集、信贷资料的收集、合同文本的填写,农户无须为贷款而跑银行,实现了"让服务多跑,让农户少跑"。

2.生活缴费与智慧出行"村村通"

升级便民服务站为丰收驿站,实现农民的水、电、通信、税务、医保等的缴费服务,"足不出村"即可实现缴费。除此之外,还推出"互联网＋公交",全力助推新昌大交通建设,全面实现"公交卡＋支付宝＋银联云闪付＋丰收互联"全覆盖;共同打造"智慧驾校";统筹城乡公交与丰收驿站"村村通",将信息流、实物流、资金流三流合一,使便民、惠民、利民特色化。

3.助推"最多跑一次"改革

为助推"最多跑一次"改革有效落实,新昌地区的各类银行积极与政府部门及其他机构合作,努力结合政府乡镇、村便民服务点建设,叠加服务功能,除设立丰收驿站增加金融功能外,还邀请了公交公司、保险公司、会计师事务所、供销社等,叠加保险、税收等服务,齐力合作把村级便民服务点打造成一个集中了物流、现金流、信息流的农村新型综合服务平台。

不断创新贷款产品,积极优化企业开户服务,深入开展客户大走访活动。做精做活普惠服务后,崭新的服务体系成功推进了农村基础金融工作服务的全覆盖,改善了农村金融的服务环境。近5年来,村民的收入水平在逐步提高,人民的幸福指数也在日益提升。

(四)"互联网＋"视阈下,整村授信对居民、企业的影响

新的金融服务体系主要围绕"最多跑一次"的改革目标,建立了夜间办公制度、每周集中"固定学习日"制度,根据农户、企业员工的作息规律,主动推行"白＋黑""5＋2"工作模式,利用八小时工作外的时间持续推进整村(厂)授信批量签约,大力推广小额信用贷款以提高农户贷款获得率。2018年的整村授信工作规模巨大,在180个行政村开展整村授信,上门现场预授信超14331户,授信额度超8383万元。

在"互联网＋"模式下,整村授信、乡村振兴的工作得以推进,农民和中小微企业的借贷形势发生了变化,如图1所示。

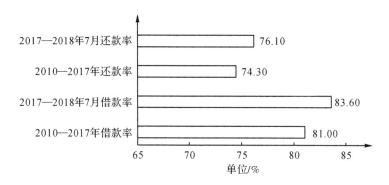

图1 "互联网＋"金融服务体系效果

通过对以上数据进行分析,不难发现,自 2017 年以来,整个新昌县致力于整村授信工作的开展,将其作为农村金融发展的一项重要任务。2018 年 7 月的借款率上升了 2.6 个百分点,还款率增加了 1.8 个百分点。由此可知,在"互联网＋"视阈下,基层农商银行扎实、努力推进整村授信工作,取得了良好的成效。

七、新昌县开展基础金融不出村服务体系建设的瓶颈与完善建议

（一）开展基础金融不出村服务体系建设的瓶颈

（1）农村金融机构设置不足、产品服务定位不精确。例如,村镇的金融服务网点缺乏,村民办理业务有一定的麻烦;大小网点功能不全面,包括小网点服务项目单一等。这导致无法切实满足村民对于业务办理的需求。金融制度管理仍未完善,经济运行不稳定,农村金融发展存在困难。

（2）农村的中小型企业金融服务存在着一些风险。总体来说,中小型企业在创新贷款产品、开户服务上都存在着一定的问题,产品和服务缺乏创新,使得中小型企业之间的竞争更加复杂。

（二）开展"互联网＋"基础金融不出村体系建设完善建议

1. 完善现行的农村金融体系,完善政策性金融

农村金融发展落后,导致市场在配置农村金融资源的过程中存在着严重的不平衡现象。不断完善政策性金融对现行的农村金融市场有着举足轻重的影响。在相关政策的引导下,应充分落实政策性金融,促进农村金融市场更加成熟。

2. 不断完善小微企业服务机制

（1）创新贷款产品。一是积极创新还款方式,推出转贷产品"连心贷",为企业提供无缝续贷。二是使贷款期限延长。将流动资金贷款期限最长延长到 3 年,固定资产贷款期限最长延长到 10 年,从而为企业节约时间成本。

（2）积极优化企业开户服务。基层银行可成立以分管行长为组长的领导小组,组织运营线人员、客户经理学习中国人民银行账户业务知识,优化企业开户相关流程,使手续办理更加简便,压缩企业开户时间。例如,新昌农商银行优化业务流程后,获得了两个显著的效果:一是开户所需时间从之前的 4 天缩短到 3 天,速度最快的新昌县帕威生物科技有限公司用时仅 24.25 小时;二是企业因开户跑网点的次数从以往的 2 次减少到 1 次,真正实现"最多跑一次"的目标。

（3）深入开展客户大走访活动。按照"小额更简捷,大额更规范"的要求,进一步简化小额信贷流程,深入开展客户大走访活动,对企业实行名单制管理,落

实"让服务多跑,让客户少跑"。新昌农商银行2018年第一季度全行走访未建立信贷关系的企业800家,共为82家企业解决了资金问题。积极探索实行小微企业的分层管理,对不同行业、类型、阶段的小微企业实行差异化的信贷政策、利率水平。

【参考文献】

[1]周利强.我国农村金融发展问题研究[J].时代金融,2013(32).

[2]黄成,张荣.新常态下农村金融发展困境与突破[J].新金融,2016(11).

[3]阙方平."互联网+"时代的农村金融发展之路[J].银行家,2015(12).

[4]朱红根,康兰媛.金融环境、政策支持与农民创业意愿[J].中国农村观察,2013(5).

[5]潘正彦.农村信贷对农业经济作用的客观分析[J].农业科研经济管理,2009(3).

[6]王亚飞.浅谈"互联网+教育"理念指导下的"教育+互联网"教学[J].现代交际,2016(11).

[7]孙兆伦.共同富裕目标下收入合理分配问题研究[D].杭州:浙江理工大学,2014.

[8]赵凌.我国农村金融面临的困境与改革路径分析[J].农村实用技术,2018(7).

[9]朱冬青.我国农村金融体系发展的现状研究[J].现代经济信息,2018(13).

[10]徐荣华.普惠金融目标下中国农村金融发展现状及对策[J].湖北农业科学,2017(1).

[11]贺云.农村金融发展与农村经济发展的相关性研究[J].中国商论,2018(3).

[12]李莎.我国农村金融发展的现状及路径研究[J].中国集体经济,2018(19).

[13]赵海城."互联网+"时代农村金融发展路径分析[J].现代营销(下旬刊),2017(7).

[14]包志鹏.我国农村金融发展现状及问题研究[J].农村经济与科技,2018,29(4).

[15]邵峰.均衡浙江:统筹城乡发展新举措[M].杭州:浙江人民出版社,2006.

附:浙江金融职业学院会计学院调研问卷

调研问卷

为了更深入地了解基础金融不出村的服务体系的构建情况,配合和推动金融行业服务体系的相关工作的进行,浙江金融职业学院会计学院开展此次调查问卷活动。调查采取不记名方式,以单选或多选、问答题形式出现(未标明多选的都是单选)。感谢您的大力支持!

基本情况:

1.您的年龄是多少?

A.18岁以下　　　B.18—30岁　　　C.31—50岁　　　D.50岁以上

2.您的职业是什么?

A. 学生　　　　　　　B. 金融从业人员　　　　C. 企业相关人员

D. 公务员及事业单位人员　E. 商业、服务业人员　　F. 农民

3. 您的学历是怎样的?

A. 高中及以下　　　　B. 本科、专科　　　　　C. 研究生及以上

4. 您的家庭年收入是多少?

A. 2 万元以下　　　　　　　　　B. 2—5 万元

C. 5—10 万元　　　　　　　　　D. 10—20 万元

E. 20 万元以上(如果目前是学生,请填个人的全年可支配收入)

金融及其"基础金融不出村"服务体系的相关知识调查:

1. 您对金融及基础金融不出村服务体系建设所涉及的知识和提供的便捷服务了解吗?

A. 非常了解　　　　　　　　　　B. 基本了解

C. 记忆比较不清晰　　　　　　　D. 完全没听说过

2. 请问在基础金融不出村服务模式覆盖乡村之前,您是怎样办理金融类业务的?

A. 到县城的银行　　　　　　　　B. 到乡镇银行

C. 委托亲属办理　　　　　　　　D. 很少去银行

3. 在过去,您认为在银行办理金融业务时,主要的困难和问题是?(多选)

A. 服务网点太少　　　　　　　　B. 等待时间长

C. 手续复杂　　　　　　　　　　D. 存款利率低

4. 您去的基础金融不出村服务模式下的便民服务点,是通过什么渠道获得的?(多选)

A. 银行人员下乡推广　　　　　　B. 村民推荐

C. 网络新闻媒体　　　　　　　　D. 报刊

5. "互联网+"服务体系在村里广泛覆盖后,在存取款项、购买商品、缴纳水电费方面,与以往相比,有什么值得肯定之处?(多选)

A. 方便,无视距离　　　　　　　B. 安全

C. 减少现金流量　　　　　　　　D. 减少跑银行

E. 消息传递快

6. 农村基础金融服务体系建立后,请问您在商品买卖的过程中,主要以哪些方式完成?(多选)

A. 通过丰收驿站买卖商品

B. 在传统农业销售市场上买卖商品

C. 通过淘宝等网站买卖商品

7. 基础金融不出村所提供的服务是否满足了您的需求？

A. 完全满足 　　　　　　　　　B. 基本满足

C. 不太满足 　　　　　　　　　D. 不满足

8. 您认为迫切需要的综合金融服务有哪些？（多选）

A. 存贷款 　　　　　　　　　　B. 银行卡

C. ATM 机、POS 机 　　　　　　D. 网上银行、电话银行

E. 投资理财 　　　　　　　　　F. 其他

9. 请问您是否支持基础金融不出村的服务模式的更新与发展？

A. 支持

B. 不支持

C. 不支持也不反对

10. 请问您对金融知识讲堂、反假币、防范诈骗活动的进村宣传感到满意吗？

A. 非常满意 　　　　　　　　　B. 一般满意

C. 非常不满意 　　　　　　　　D. 无所谓

11. 针对丰收驿站的设立，从自身的使用情况来看，您是否感到满意？

A. 满意 　　　　　　　　　　　B. 一般满意

C. 不满意 　　　　　　　　　　D. 未使用

12. 您使用丰收驿站主要是用来办理哪些业务的？（多选）

A. 存取款、汇款等金融业务

B. 申请贷款等金融业务

C. 网购等电商业务

D. 电、水、煤、电视等生活类缴费业务

E. 政务信息发布、咨询等业务

F. 其他

13. 丰收驿站是浙江农信打通进村"最后一公里"的重要模式，针对存款、贷款、汇款几种业务，您认为其在哪方面有更多的发展？（多选）

A. 存款

B. 贷款

C. 汇款

D. 各种服务（生活、网银、车辆、房产）

14. 请问您对贷款业务的办理有需求吗？

A. 非常需要　　　　　　　　　B. 有需要

C. 基本没需要　　　　　　　　D. 完全不需要

15. 请问您现在贷款速度快吗？

A. 3 天内　　　　　　　　　　B. 15 天内

C. 30 天及以上　　　　　　　　D. 没贷款

16. 您对整村授信工作了解吗？

A. 非常熟悉　　　　　　　　　B. 基本了解

C. 有点了解　　　　　　　　　D. 没听说